新媒体赋能时代的
多元互动与人文交流

XINMEITI FUNENG SHIDAI DE
DUOYUAN HUDONG YU RENWEN JIAOLIU

李曼宁 毕克寒 徐 阳 著

东北大学出版社
·沈 阳·

ⓒ 李曼宁　毕克寒　徐　阳　2023

图书在版编目（CIP）数据

新媒体赋能时代的多元互动与人文交流 / 李曼宁，毕克寒，徐阳著. — 沈阳：东北大学出版社，2023.12
　ISBN 978-7-5517-3463-9

Ⅰ. ①新… Ⅱ. ①李… ②毕… ③徐… Ⅲ. ①传播媒介—研究 Ⅳ. ①G206.2

中国国家版本馆 CIP 数据核字（2023）第 248853 号

出 版 者：	东北大学出版社
	地址：沈阳市和平区文化路三号巷11号
	邮编：110819
	电话：024-83683655（总编室）
	024-83687331（营销部）
	网址：http://press.neu.edu.cn
印 刷 者：	辽宁一诺广告印务有限公司
发 行 者：	东北大学出版社
幅面尺寸：	170 mm×240 mm
印　　张：	7.75
字　　数：	139 千字
出版时间：	2023 年 12 月第 1 版
印刷时间：	2024 年 1 月第 1 次印刷
策划编辑：	牛连功
责任编辑：	周　朦
责任校对：	王　旭
封面设计：	潘正一
责任出版：	初　茗

ISBN 978-7-5517-3463-9　　　　　　　　　　　定　价：28.00元

前 言

2019年，习近平总书记在《求是》（2019年第6期）上发表的《加快推动媒体融合发展 构建全媒体传播格局》一文中指出："伴随着信息社会不断发展，新兴媒体影响越来越大。我国网民达到8.02亿，其中手机网民占比98.3%。新闻客户端和各类社交媒体成为很多干部群众特别是年轻人的第一信息源，而且每个人都可能成为信息源。有人说，以前是'人找信息'，现在是'信息找人'。所以，推动媒体融合发展、建设全媒体就成为我们面临的一项紧迫课题。"他同时指出："从全球范围看，媒体智能化进入快速发展阶段。我们要增强紧迫感和使命感，推动关键核心技术自主创新不断实现突破，探索将人工智能运用在新闻采集、生产、分发、接收、反馈中，用主流价值导向驾驭'算法'，全面提高舆论引导能力。"

在新媒体赋能时代发展的背景下，身处世界文明交流的复杂动态网络之中，本书重点阐述新媒体在世界范围内的巨大影响力，分析其对现代技术和文明蓬勃发展的推动作用，讨论其带来的具有无限潜能的新机遇；同时，正视新媒体相关技术带来的严峻挑战，最终引发人们对如何运用主流价值观来引导"科技向善"等重要议题的关注和讨论。

新媒体为不同国家与文明之间的合作、交流和价值共创提供了平台。通过在线协作、跨国合作项目和文化交流活动，不同国家之间可以共享资源、分享经验，并在众多领域展开更深入的合作。同时，随着6G、物联网、大数据、区块链、自然人机交互、延展实境、人工智能等关键技术的不断突破创新，前所未有的新媒体形式不断涌现，实现了信息生产、信息存储、信息体验、信息推送和信息利用等功能的无缝衔接，高度融合了类人视觉、听觉、语言、思维等智能技术在世界文明和科技交流中的创新应用。

在新媒体不断展现其震撼力以赋能未来时代发展的同时，应注意到"新媒体平台如何恰当承载前沿技术带来的创新及多元的互动方式"和"科技向善"

等深刻议题的重要性，引导公众更好地把握时代脉搏，在飞速前进的社会中静下来思考片刻，并以新媒体为平台传播善意、寻求智慧、汲取营养，汇聚民族的精神力量！

本书部分经费支持来源于国家自然科学基金项目（71771046，72371064）。感谢硕士研究生陈泽晨、李苗苗、李晓颖、王昕月在本书编写过程中协助完成的文献收集整理和图表绘制等工作。同时，限于著者水平，本书中难免存在不足之处，殷切希望读者不吝指正。

著 者

2023 年 1 月 16 日于东北大学

目 录

第一章 新媒体文明的演变与发展 ……………………………… 1

  一、新媒体的定义 ………………………………………………… 1

  二、新媒体的发展及其影响 ……………………………………… 2

  三、新媒体对传统媒体形式上的挑战 …………………………… 5

第二章 媒体文明论的碰撞和变动 ……………………………… 7

第三章 社交媒体作为文明传播使者带来的交流互鉴机遇 …… 11

第四章 基于新媒体的世界文明与经验交流 …………………… 16

第五章 社交媒体国际化交互设计特点 ………………………… 26

第六章 国际化交流背景下新媒体的相关研究与探索 ………… 39

第七章 新媒体平台下跨文化背景用户的使用体验研究分析 … 47

  一、文本特征分析 ………………………………………………… 48

  二、访谈内容分析 ………………………………………………… 53

  三、思考:新媒体平台如何恰当地承载新时代技术引领的

      多元互动方式 ……………………………………………… 63

第八章 没有硝烟的战争——阵地就是新媒体平台 …………… 66

  一、没有硝烟的战争中,新媒体带来话语权 …………………… 66

二、紧抓新媒体时代交流互鉴机遇，展现民族文化自信 …………… 69

三、有效的文化输出和形象展示，树立良好国际公民形象 ………… 72

第九章　科技向善理念在社交媒体中传播的策略与实践 ………… 78

一、科技向善理念在社交媒体中的传播与影响 …………………… 78

二、科技向善理念与社交媒体结合的潜在问题 …………………… 79

三、引导社交媒体结合科技向善理念的三种策略与两类实践 …… 80

结　语 ……………………………………………………………… 92

参考文献 …………………………………………………………… 98

附　录 ……………………………………………………………… 106

第一章　新媒体文明的演变与发展

一、新媒体的定义

马歇尔·麦克卢汉在《理解媒介——论人的延伸》一书中提到"媒介即信息",强调了媒介本身所携带的信息及其影响。信息如今已逐步成为人们不可或缺的一部分,并已经在先进的生产技术、丰富的数据和卓越的管理能力的支撑下,有效地融合在一起,不断为人们的美好生活作出贡献。而在其中,作为信息传播媒介的媒体发挥了更重要的作用,并在信息的生产、传播、利用和增值中越来越不可替代。如今,媒体不仅是信息的传递者,更是筛选、解释和解码信息的关键,它在塑造公众意识、引导舆论、传播知识和促进社会交流中功不可没。

技术进步和数字化的时代车轮缓缓驶来,媒体不断演变和变革,新兴媒体(如社交平台、移动应用和在线平台)为信息的传播与获取提供了更广泛的渠道。这也意味着媒体行业正面临新的挑战和机遇,需要不断适应及应对新技术和新媒体环境。

新媒体是一种通过互联网、宽带局域网、无线通信网、卫星等渠道,以及电脑、手机、数字电视机等终端,向用户提供信息和娱乐服务的传播载体,是向大众实时交互地传递个性化数字复合信息的传播介质[1],如数字杂志、数字报纸、数字广播、手机短信、移动电视、网络、桌面视窗、数字电视、数字电影、触摸媒体等[2]。这种以数字媒体为核心的数字化交互性的固定多媒体,与报纸、杂志、广播、电视这四种传统意义上的媒体相比,是由数字技术和网络技术发展出来的另一种媒体形态,因此被形象地称为"第五媒体"[3]。新媒体的特征包括即时性、交互性、开放性、移动性。即时性是指信息摆脱了时间和空间的束缚，实现了无时差的广泛传播。它在迅速报道突发紧急事件方面发挥着卓越的作用。交互性是指使信息传播成为双向的互动交流，为新媒体赋予了显著优势。开放性是指使人们摆脱地理限制，不再受限于固定的居所或办公场所，个人和群体可以自由互动，便捷地存储和检索交流内容。移动性是指移动媒体利用无线传输技术，彻底改变了人们的生活方式。从卫星定位到移动支付，从网上购物到云端工作，如今，人们已经离不开移动媒体。新媒体的崛起为人们带来了更加便捷、灵活和多样化的信息交流方式，极大地丰富了人们的生活体验。

在对新媒体有了一定的了解后，读懂媒体本身的传播方式，可以进一步理解新媒体相对于传统媒体的独特之处。传统媒体的传播方式呈树状，信息由中心媒体向用户传递，用户之间的信息交流十分有限。新媒体的传播方式呈网状，用户之间形成规模化的信息交流，无须经过中心媒体节点。这一进步极大地改变了信息沟通的方式和效率。美国著名社会心理学家米尔格伦于20世纪60年代提出了六度分隔理论，该理论表明，社会网络中的任意两个人之间，平均只需要通过六个中间人就可以建立联系。换句话说，某个人通过六个中间人便可以间接地认识世界上的任何人。在社交媒体时代，这个理论揭示了人们通过社交平台可以与遥远的陌生人产生联系的可能性，而这个理论在传统媒体时代是无法实现的。然而，这个理论对于人们理解社会网络、人际关系和信息传播具有重要的意义。

二、新媒体的发展及其影响

在传统媒体时代，用户的主要角色是信息的消费者，在信息交流过程中，他们通常被动地接收媒体平台提供的内容，这也注定了他们与其他用户之间缺乏互动。然而，随着互联网平台的迅速发展，这种情况发生了些许改变。互联网的高速连接、优质的光纤基础设施及不断进步的搜索引擎等技术，不仅满足了用户对互联网的新需求，也满足了新媒体时代下用户互动的需求。例如，Facebook（现更名为Meta）和微博这两种社交媒体平台提供了强大的社交功能，使用户能够与他人进行交流和分享；抖音和快手这两种音乐和视频分享应用程序满足了用户对音乐和视频的需求，使用户能够创造和共享自己的音乐和视频作品；Google和百度这两种搜索引擎为用户提供了便捷的途径来搜索并获取海量的互联网信息。

值得注意的是，新媒体帮助人们将自己的思想具象化，并通过网络的方式传递到世界的各个角落，使得互联网用户逐渐摆脱了仅作为信息接收者的角色。人们可以借助新媒体技术，通过互联网平台，成为互联网的信息传播者。由此可见，新媒体技术和互联网平台为个人赋予了更大的权力和自由，信息交流也变得更加自由和多样化，人们的生活体验得以丰富。

新媒体相对于传统媒体更为特殊的一点在于，互联网从过去信息匮乏的时代发展到现在信息爆炸的时代，是大量的内容创作者通过不断产生新的内容而形成的。换句话说，新媒体便捷了用户，用户也成就了新媒体，而这是传统媒体力不所及的。过去，人们主要通过专业媒体（PGC，专业生产内容）获取信息，包括新闻、政策、教育和科普等，但仅仅通过专业媒体获取信息缺乏多样性，且存在成本高昂、领域单一和内容枯燥等问题。因此，在自媒体兴起后，人们迅速融入个性化内容创作中，互联网出现了一种新的内容生成方式，变得百花齐放，更加丰富多彩。

在信息爆炸背景下，新媒体虽然具有传统媒体所不具备的特点，但所带来的负面效应不容忽视，最为典型的是信息接受单一性的问题。当今网络环境中，专业、真实的信息与普通、虚假的信息交织在一起，共同形成了一种错综复杂的信息茧房。这种信息茧房围绕着每个互联网用户，对他们的生产和生活产生积极或消极的影响。桑斯坦在《信息乌托邦》一书中首次提出了"信息茧房"的概念，其含义为公众倾向于选择符合自身喜好的信息，久而久之，会将自己限制在一种信息范围狭窄的茧房中。这种信息茧房会导致用户接触到的信息变得单一。

随着新媒体影响力不断扩大，信息茧房现象被进一步放大。现今的应用程序采用智能推荐算法，会预测用户的偏好内容，信息源头只会返回符合用户预测偏好的信息，而不会返回用户不喜欢的信息。这使得用户在一定程度上失去了从不同角度看问题的机会，进一步巩固了他们对已有视角的认同。最终，当用户将从互联网中获得的信息应用到现实生活中时，可能导致其对现实世界的认知出现偏差。换言之，在各大信息平台广泛运用精准推送的情况下，当大量具有相同价值导向的信息围绕着人们出现时，人们很容易受到误导或陷入思维陷阱，失去独立判断的能力。这也就意味着，新媒体对人们的信息筛选能力提出了更高的要求，能否保持信息中立性和理智的独立判断性，是避免类似"信息疫情"状况发生的我国网民亟须重视和发展的重要素质。

世界文明与交流的网络化趋势的不断扩大，给新媒体带来了潜在的年轻人价值观模糊化问题。新媒体的影响力巨大，其为每名内容创造者提供了展示个性和才华的平台，许多平凡人也借此获得了传播信息的能力，并受到了广泛的关注。然而，在这些不断产生的现象级新技术及事物背后，也给教育界带来了挑战。比如，年轻人是否能够认真地丰富自己，用知识填补自身资源的空白；"一夜暴富"的价值观念是否会动摇年轻人通过十年寒窗来实现目标的决心；等等。如何在世界各地的多元价值观输入的情况下，坚守自身的信仰，培养并使年轻人树立正确的价值观，教育他们正确看待新媒体文化，是教育界未来需要重点关注的方向。

需要强调的是，新媒体下的网络法治建设成为需要社会各界重点关注的问题。网络暴力现象频出，许多网民在现实生活中的表现与在网络上的行为大相径庭。较低的代价及信息的匿名性，让许多网民在网络上肆无忌惮地发表攻击性言论。这也说明了网络法治建设有待完善，新媒体也需进一步升级，未来AI技术、区块链技术的进一步发展，会对这方面问题给出有效的解决方案。

关注新媒体在世界范围内的流行也推动了文化领域的蓬勃发展，并持续引发人们对不同文化与文明的赏鉴、思考与创新，带来了有无限潜能的新机遇。新媒体提供了更广阔的信息传播平台，促使人们更加积极地参与文化创造和交流。人们可以通过新媒体分享自己的观点、创意和艺术作品，与他人进行互动和讨论。这进一步丰富了人们的文化经验，激发了人们对社会和美的思考，推动了文化的多元发展。

在当前全球一体化的背景下，与新媒体相关的新技术不断兴起，促进了全球范围内的跨文化交流。虽然全球各地具有不同文化背景的人们相距遥远，但是他们可以通过新媒体加强交流。新媒体具有全方位、互动性和网络化的优势，可以消除传统媒体、国家、社群和产业之间，以及信息发送者和接收者之间的界限，从而在世界各地人们的跨文化交流中，拓宽沟通的渠道。与此同时，新媒体为交流者提供了远程或交互式的交流方式，并通过整合人际交往技巧和数字、视听技术丰富了交流者的技巧，重塑社会环境以淡化场景差异，利用网络的时空特性淡化历史传统的人文差异以促进交流。

三、新媒体对传统媒体形式上的挑战

从传统媒体到新媒体的演变，是一场具有颠覆性意义的时代变革。在传统媒体时代，信息的生产和传播受到了技术及资本的限制，只有少数拥有传媒工具的人或机构才能掌握舆论的主导权，形成了一种自上而下的信息传播模式。而新媒体凭借"去中心化"的力量，将舞台开放给大众，每个拥有内容创作能力的人或团队都有机会利用新媒体平台传播自己的声音，充分展现了个性化、多元化和互动化的特点。新媒体与传统媒体的转换，在改变信息传播方式的同时，也带来了娱乐方式的新升级，在技术驱动与平台赋能的驱使之下，人们的生活方式已然随着新媒体发展的潮流形式而改变。

面对汹涌而来的新媒体浪潮，赞之者，誉之为传播革命，然而，亦有研究者在以客观理性的视角透视着背后的危机与挑战。著名媒体文化研究者尼尔·波兹曼在《娱乐至死》一书中，详尽叙述了20世纪80年代的美国人是如何通过电视等传播媒介，在以娱乐为信息获取方式的过程中逐渐陷入娱乐至死的囚笼，揭示了传统媒体向电视转型所引发的深刻影响。该书中所讲的传播媒介演化方式，由最初的印刷机变为电报再转变成电视，但这种方式的转变并未带来有利于社会发展的实际意义，反而导致娱乐化的信息充斥着人们的接收渠道，淹没了真实的社会问题和重要信息，极大地降低了社会有效信息的传播效率。

"我们的政治、宗教、新闻、体育、教育和商业都心甘情愿地成为娱乐的附庸，毫无怨言，甚至无声无息，其结果是我们成了一个娱乐至死的物种。"[4]在媒介高速演进的21世纪，尼尔·波兹曼的这一预言正在变为现实。短视频、直播、沉浸式文娱的热潮再次印证了人们对于轻松、娱乐的消费需求。然而，这些海量的碎片化信息和快节奏的内容往往只能给人们带来片刻的消遣，甚至充斥着大量难以甄别的错误信息，无法给人们提供深度思考和长远的价值指导。长此以往，人们将不断沉溺于享乐，最终毁灭于自己所热爱的东西。面对这场"无声无息"的文化灾难，如何把握未来媒体的发展方向，也是一个值得深入探讨的问题。

2013年诺贝尔经济学奖获得者罗伯特·希勒认为，传统的经济学家忽视了流行叙事的重要性，而媒体和商界人士更敏锐地抓住了这一现象，并利用它塑造公众舆论和市场趋势。为填补这一空白，罗伯特·希勒于2020年出版了

《叙事经济学》这一经济学著作，以叙事故事"Narrative"为切入点，为人们提供了思考媒体发展与社会生活之间关系的全新视角。该书通过回顾比特币热潮、股市泡沫、房地产繁荣与萧条等历史上的一些重大经济事件，并在此基础上借鉴流行病学模型，分析了叙事故事的传播机制、变异特征和影响力，进而揭示病毒般传播的叙事故事是如何塑造社会经济现象的。其中，发人深省的是，叙事故事往往是一种简化和选择性的表达方式，有着信息涵盖广泛、传播速度快的特点，在传播过程中，信息质量、可信程度如何都会成为引起人们思考决策的重要因素。而且在社交媒体泛滥的背景下，这种信息的偏颇和误导更容易被放大和扩散，甚至会引发整个社会和经济的动荡。因此，如何正确利用新媒体这把双刃剑，成为一个值得思考的问题。

上述两本书都涉及对新媒体与传统媒体进行的深刻反思，并着重讨论了其对社会带来的深远影响。从这些思想者的反思和讨论中可知，新媒体与传统媒体在传播方式、传播速度方面有着云泥之别，前者要远胜于后者，但这并不说明新媒体占据绝对的优势，在有效信息传播效率及信息可信度方面，传统媒体反而显示出独特的一面。这是由于传统媒体传播速度较慢、传播渠道较少，因此在信息呈现过程中，传统媒体为了节约无效成本的消耗而削减甚至消除无效信息及虚假信息篇幅，从某种意义上而言，这是一种在自身条件约束下的内化提升。知名媒体人窦文涛在凤凰新闻的一次采访中表示：在新媒体时代下，中国的舆论界和网络界的主流媒体会因为私有媒体对用户的分流而越来越边缘化，公域和私域的界限开始逐渐变得模糊，在某些情况下，权威媒体发布的话题热度还远远不及个人微博。这些都表明，虽然媒体技术的发展会给人们带来便利性和即时性，但劣质信息泛滥、信息环境生态遭到破坏也会带来极大的负面效应。这警醒人们，在面对新媒体发布的信息时，应时刻注意甄别，不可盲目跟风、以偏概全。

总括而言，人们当以明智而审慎的眼光看待新媒体与传统媒体的变革，而不是简单地反对某一种媒介形式的存在。唯有在充分权衡利弊的基础上，方能更加巧妙地运用新媒体的优势，以推动社会的繁荣发展和文化的交流融合。这是一个自由的时代，是一个机遇与挑战并存的时代，人们期待用新媒体的火花点燃世界的智慧之光。

第二章 媒体文明论的碰撞和变动

新媒体是文明的扬声器,通过新媒体能让更多人了解人类文明的恢宏壮阔;文明是内核,需要一个积淀的过程,才能呈现璀璨与繁荣。第一章讲述了媒体发展的过程,本章将聚焦于文明本身,从中华文明的视野出发,深入探讨中华文明与其他文明的交流互鉴,加强对中华文明特质和内涵的理解,为推动全球文明对话、促进人类文明进步提供有力支撑。

2013年9月7日,习近平主席在出访哈萨克斯坦期间,首次提出共同建设"丝绸之路经济带";同年10月,习近平主席又提出共同建设"21世纪海上丝绸之路"。二者共同构成了"一带一路"倡议。

"一带一路"倡议提出以来,跨国家地域的合作项目验证了文明交流的历史必然规律:全球化的传播是大势所趋,其发展进程势不可挡;同时,构建人类命运共同体的发展进程正在不断推进。"一带一路"促进了新型的国际合作关系,为人类命运共同体的构建注入了新活力,为各方带来了宝贵的机遇,由全球化带来的世界文明最新交流互鉴进程已经大幅展开。[5]"一带一路"倡议的提出,体现了中国的大国气度、责任与担当,中国将携手世界各国人民,为全人类共同奋斗的价值目标、和平交往的政治空间、文明交流互鉴的包容模式和共同繁荣发展贡献力量。

以史为鉴,西方文明的扩张往往伴随着对原有文化生态、社会秩序,以及经济、技术、政治、习俗、宗教等多个层面的冲击或颠覆,造成了深远的影响。而我国提出的"一带一路"倡议,以中华文明"天下为公"的精神气质为主导,是丝路文明的回归,它意味着文明的多样性和丰富性再次呈现,文明的关系重新平等;也促使人们更多地思考古老文明的现代意义,用传统的智慧回应现代问题。"一带一路"是世界文明史的价值重现,它遵循"和而不同"的理念,尊重文明的多样性,并推动各国携手,共同缔造文明的丰富性。

在丝路文明背景下,"一带一路"并不是指狭义的地域范围,而是一个广袤的全球性合作平台，涵盖了世界上所有愿意参与全球化的国家、民族和社群。在文明交流的"一带一路"上，可以预见，人类将形成世界历史上规模最大的基础设施投资，包括铁路、公路、隧道、港口、电网、管道、互联网、物联网等的建设；同时，人类文明交流互鉴的潮流也将变得更加蔚为壮观。

在漫长的历史长河中，人类创造和发展了多姿多彩的文明。文明因多样而交流，因交流而互鉴，因互鉴而发展。我国主张以文明交流超越文明隔阂，以文明互鉴超越文明冲突，以文明共存超越文明优越。不同国家、不同民族、不同文化应平等对话、互学互鉴，共同推动构建"各美其美、美人之美、美美与共"的多彩世界。

2019年5月15日，国家主席习近平在亚洲文明对话大会开幕式上发表了题为《深化文明交流互鉴 共建亚洲命运共同体》的主旨演讲。他指出："璀璨的亚洲文明，为世界文明发展史书写了浓墨重彩的篇章，人类文明因亚洲而更加绚烂多姿。从宗教到哲学、从道德到法律、从文学到绘画、从戏剧到音乐、从城市到乡村，亚洲形成了覆盖广泛的世俗礼仪、写下了传承千年的不朽巨著、留下了精湛深邃的艺术瑰宝、形成了种类多样的制度成果，为世界提供了丰富的文明选择。"[6]亚洲文明对话大会，虽然是2019年中国的主场外交盛会之一，但这次盛会又不同于其他外交盛会，是第一次由中国主办的关于"文明对话"的国际多边会议。

中国社会科学院日本研究所副研究员庞中鹏认为，只有各个不同的文明面对面交流，才能了解不同文明间的不同之处；通过了解不同文明间的不同之处，也才能知晓对方的长处，规避自身的不足，最后学会取长补短，更好地推动自身文明发展。"夫物之不齐，物之情也。"不同的文明只有在互相包容、互相容纳的基础上，以开放的胸襟、吸纳的态度，借鉴彼此的长处与优点，才能共同促使人类文明之花在地球花园中绽放。[7]

日本著名经济学家、国际贸易投资研究所主任研究员江原规由认为，亚洲文明对话与"一带一路"、亚洲命运共同体有很多相通的地方。中日两国的发展动能将影响亚洲各地，进而扩大到全球。追根溯源，这是亚洲文明的贡献。亚洲是人类文明的重要发祥地，孕育了丰富多彩的文明，也正是因为文明的多样性，才有了今天的亚洲。在不久的未来，人类将进入第四次工业革命和太空时代，迎来前所未有的新时代。因此，不局限于个人、社会、国家、地区，从全人类的发展进行探讨，才是新时代的要求。本次亚洲文明对话大会将就亚洲文明的多样性广泛地交换意见，从多种视角出发进行交流，同时针对人类未来发展的意义及面临的困难向世界发声。期待本次大会能够让世界看到孕育出多彩文明的亚洲及东方的智慧，提出与西方理论相结合的方案，为人类共同发展贡献方案。[7]

庞中鹏还指出，不同的文明，可以和谐相处，可以互学互鉴，可以平等包容，正是不同的文明，才组成了多姿多彩的全球文明大家庭。相信，中国倡导主办的这次"亚洲文明对话大会"，正当其时，恰如其分。本次亚洲文明对话大会将会大力推动亚洲乃至整个世界不同文明间的对话与交流，将会为推动构建亚洲命运共同体及人类命运共同体贡献智慧，提供支撑。[7]

党的十八大以来，习近平总书记对加强文明交流互鉴、推动人类命运共同体构建多次作出深刻阐述："要坚持弘扬平等、互鉴、对话、包容的文明观，以宽广胸怀理解不同文明对价值内涵的认识，尊重不同国家人民对自身发展道路的探索，以文明交流超越文明隔阂，以文明互鉴超越文明冲突，以文明共存超越文明优越，弘扬中华文明蕴含的全人类共同价值，推动构建人类命运共同体。"[8]

到 2022 年，中华文明探源工程已进行了 20 年。中华文明是世界上唯一延绵至今、未曾中断的文明。在世界文明史探源的研究中，中华文明的地位独特而重要。而文明探源的研究，不仅是各国学者潜心研究的课题，也是国际学术界持续关注的方向。世界文明交流的探源研究，提出文明交流的意义和分析文明衍生的生态环境等相关要素，为文明交流的研究作出了原创性贡献。习近平总书记在十九届中央政治局第三十九次集体学习时发表了重要讲话，就深化中华文明探源工程指出："中华文明自古就以开放包容闻名于世，在同其他文明的交流互鉴中不断焕发新的生命力。"[8]

中华文明五千余年的发展史充分说明了无论是物种、技术，还是资源、民族，甚至是思想、文化，都是在不断传播、交流、互动中得以发展、得以进步的。中华文明是在自身文化传统基础上形成的原生文明，在形成过程中，也与域外其他古老文明发生交流、碰撞与融合。这是对中华文明在五千余年发展史中互鉴经验的准确概括，对人类社会的发展具有指导性作用。

无论是对历史经验的深刻反思，还是对改革开放以来现实发展硕果的总结，都让我们意识到：开放包容、海纳百川是中国保持文化生命力、社会繁荣兴盛的不二法宝。反之，一种文明如果长期固守自封、闭环发展，必然陷入落后的命运。这正如国家主席习近平于 2019 年 5 月 15 日在亚洲文明对话大会开幕式上的主旨演讲中指出的:"坚持开放包容、互学互鉴。一切生命有机体都需要新陈代谢,否则生命就会停止。文明也是一样,如果长期自我封闭,必将走向衰落。交流互鉴是文明发展的本质要求。只有同其他文明交流互鉴、取长补短,才能保持旺盛生命活力。"[6]

第三章　社交媒体作为文明传播使者带来的交流互鉴机遇

社交媒体是互联网上用于社交互动、分享信息和经验的平台。本书第二章从世界文明交流的角度出发，以中华文明为例，讲述了文明论的碰撞和变动。本章结合学者的理论研究，介绍新媒体的主要推动者——社交媒体在把握各种文化之间的交流与互鉴机遇中所发挥的重要作用。

用户生成内容（user generated content，UGC）的出现使用户对自己的媒体行为享有更大的控制权，并在产品决策过程中扮演更积极的角色，如博客、社交网站和维基百科。社交媒体，又称社交网络服务（social networking services，SNS），是一个能够将有相似兴趣的人或对探索他人兴趣和活动感兴趣的人聚集在一起的在线社区。正如 Boyd 和 Ellison[9] 所定义的那样，社交网站作为一种基于网络的服务，赋予每个人建立公共档案的权利，并清晰地列出了他们与其他人共享一个社交网络的联系人名单。社交网站能够为用户提供一个有效而强大的渠道来创建可见的个人简介，建立个人网络页面，并公开显示人际评论。例如，在众多新媒体中，Facebook、MySpace、LinkedIn 和 Cyworld 等社交网站已成为非常受欢迎的在线交流渠道，吸引了全球数百万互联网用户。

作为一种有效的自我表达方式及管理和改善个人与群体网络的手段，SNS 已经吸引了越来越多的学术关注[10]，这尤其适用于技术发达国家的年轻一代。SNS 提供了许多功能（如允许个人创建在线配置文件、共享个人信息及查看其他人创建的信息等），从而促进用户之间社交网络的形成。SNS 通信工具的迅速出现和发展，使人们对新通信方法变更所产生的新社会现象越来越感兴趣。SNS 的持续发展也吸引着世界各地的新成员和新市场，其日益流行的一个最主要的潜在原因是，社交网络用户与他人建立联系不再受到地理位置和国界的影响，这种更加便捷的方式，不仅可以管理现有的社会关系，而且可以与其他人建立新的关系，甚至包括完全陌生的人。

目前的学术界中，很多学者研究了信息系统（information system，IS）在跨文化情境下使用社交网络的问题。Yin 等[11]研究了中国大学生 SNS 使用动机、成瘾倾向与人际关系问题之间的联系。Kim 等[12]通过探索和比较美国与韩国两种不同文化背景下的大学生使用 SNS 的动机和方式来展示文化在 SNS 使用方面的作用。Lin 等[13]发现，评估因素（愉悦、意识、联系和系统质量）是情绪反应强烈的决定因素（用户满意度和归属感），用户满意度和归属感共同影响着持续使用意图。

在对教育 SNS 的研究中，许多学者探讨了人们在使用 SNS 时的心理动机。安昭宇等[14]认为，SNS 的满意度和信任度是用户归属感的影响因素。Morgan[15]认为，信任是影响归属感的重要因素。Wu 等[16]通过研究发现，感知信任对虚拟社区用户的参与态度、成员保留度和分享意愿有影响，同时对成员依赖性和归属感的形成有积极影响。Baker 等[17]对在线文化交流社区 CouchSurfing 进行了研究，其结果表明，没有与其他成员面对面交流的成员对社区的归属感低于与其他成员面对面交流的成员，参与聚会的人数与社区的归属感呈正相关。不仅如此，随着用户对 SNS 的使用越来越多，研究发现，在各种社交网站上进行网络社交会产生积极的心理结果，其中关于在线社交网络数量研究最多的两个指标是 SNS 朋友的数量和 SNS 使用量。例如，Kim 等[18]发现，SNS 朋友的数量和大学生中感知的社会支持之间存在倒 U 形关系，其中 SNS 朋友的总数与感知的社交支持呈正相关，直到朋友的数量达到某一点。Gentile 等[19]发现，在 SNS 上花费较多时间的年轻人会产生更积极的自我观念，且与谷歌地图（对照组）相比，编辑 MySpace 页面的大学生在认可自己的身份中表现得更自恋，而这与更多的 SNS"朋友"有关。

现有关于 SNS 的学术研究涵盖了广泛的主题。有关研究结果表明，在社交网络的关系改善方面，使用社交网络进行人际交往的用户比使用社交网络单独活动的用户更有可能增强社会关系，使用社交网络有助于增强信任、吸引、情感亲密、情感支持和感知社会支持等，且这些人际变量常用来衡量人际关系质量。人们通过社交网络的互动可以体验到更多的快乐和兴奋，与之对应，用户对某些消极的暗示也很敏感（如人格特征对个体线上和线下的交流产生负面影响，包括孤独、嫉妒、沟通恐惧、自恋和神经质）。此外，还有一些研究结果表明，心理特征在社交网络使用及其影响之间的关系中起调节作用。例如，自尊，这种最常被讨论的特质，被发现是一个重要的调节因素。

技术的发展永远不会停下脚步,因此,各种 SNS 的功能也在不断更新和完善。美国的 SNS 业务相对成熟,细分明显,主要由三家或更少的竞争者主导。相比之下,中国的 SNS 市场充满了不确定性,而造成这种不确定性的两个主要原因是 SNS 市场的技术基础设施仍处于过渡阶段及当前复杂社会经济环境下尚未完善的市场生态。中国的社交网络行业最初是 Facebook 模式的,创始网站之一是校内网(2009 年 8 月改称人人网),这是一家面向大学的社交网络门户网站。随后不久,MySpace 推出了中文版,吸收了尽可能多的当地元素。MySpace 在中国被称为"聚友",表示朋友聚在一起。在中国,腾讯公司先将即时通信(instant messaging,IM)产品——QQ 发展成为当时国内即时通信的巨头;之后,在 2012 年推出了新的即时通信——微信(WeChat)。随后不久,QQ、微信和随后兴起的微博逐渐成为"独角兽"。图 3-1 中列举了一些具有一定数目的月活跃用户数量的 SNS 产品。

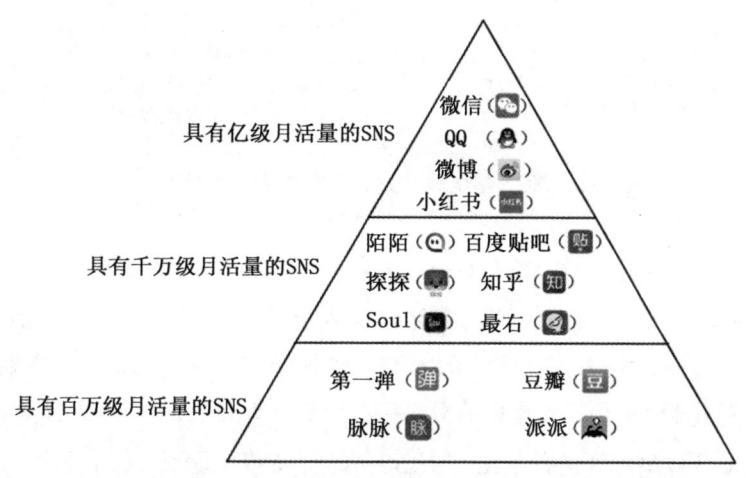

图 3-1　2022 年中国 SNS 活跃用户分布

(图片来源:艾媒咨询)

相比于前期的缓慢发展,近几年我国社交网络的发展速度不断提高。中国互联网络信息中心(China Internet Network Information Center,CNNIC)的数据显示,截至 2022 年 6 月,中国的网民数量达到 10.51 亿,互联网普及率达 74.4%,网民数量的增长趋势较平稳。中国移动网络的应用行业在持续进步发展,数字技术不断推动着经济、生活、学习等各个领域的融合发展,移动数字行业的砥砺前行成为推动中国消费升级和经济社会转型的中坚力量。同时,随着中国网络技术的发展，中国的社交网络也逐渐走进国外用户的网络世界。2022年全球/国内SNS产品特征对比如图3-2所示。

(a) 全球社交媒体平台
(内容基于艾瑞网《2022年全球数字概览》)

(b) 国内社交媒体平台
(内容基于艾瑞网《2023年中国社交媒体平台指南》)

图3-2　2022年全球/国内SNS产品特征对比

从全球范围来看，社交媒体平台存在以下五个特征。① 全球社交媒体用户数量呈井喷式增长。目前，社交媒体已融入全球一半以上民众的生活，并且正以极快的速度不断增长，截至2020年，增长幅度已超过10%。② 总体上，用户呈现年轻化趋势（年龄集中在18—44岁），他们的消费决策模式不断变更。比如，近30%的"00后"通过社交媒体（如TikTok）获取新产品信息，并将其用于购物决策。③ 用户分布在地域及性别方面存在较大差异。对比北美与非洲两地：前者属于网络发展发达地区，社交媒体使用人口接近当地人口的70%；后者属于网络发展较贫瘠地区，较差的网络基建使其社交媒体的使用人口仅达到当地人口的7%。这提醒我们在消除基于技术的不平等方面尚需全球共同努力。另外，全球视角下社交媒体的使用与性别差异存在一定的关联性。女性用户较男性用户更多，比例接近1.2∶1。④ 用户活跃度高，"多元互动"和跨平台使用已为常见现象。社交媒体平台的多元化也促成了用户跨平台的重复使用。日常生活中，一个普通的社交媒体用户一般会使用9个不同的平台，并且在特殊时期（社交隔离期间）还会出现增长态势；对于社交媒体平台来说，这意味着持续的变革和创新才能在竞争中持续占有一席之地。⑤ 社交媒体用户数与活跃度不可一概而论。社交媒体人数已不再是衡量一个社交媒体平台是否为主流平台的标准。例如，虽然 Facebook 的月访问用户数（平均用户年龄为 31 岁）达到 29.36 亿，成为全球社交媒体排名第一的平台，但不是年轻人互动最活跃的平台，其帖子互动率仅为 0.07%，与 TikTok 的 5.96% 相差甚远；其帖子互动率与 YouTube 的帖子互动率相比，增长速度落后了近 3 倍。这提醒社交媒体平台不仅要引流，更需要重视社交的"纵向"深度发展。

相对而言，中国本土社交媒体平台有如下五个突出特征。① 不同平台主力军各异，但总体上与国际趋势相同，年轻人占据流量高地。抖音在 20—50 岁人群中的覆盖比例最为均衡，快手集中吸引 30 岁左右的人群，哔哩哔哩在 20—35 岁的人群中占比达到最高。② 相比国际趋势，头部应用本土占比高，渗透率突出。截至 2023 年 9 月，抖音、快手、小红书、哔哩哔哩、微博五大本土平台成为新媒体阵地中的领军 App，相关数据显示，活跃用户近 10.88 亿（渗透率近 90%）。这说明，头部应用在中国社交媒体市场占据主要地位，符合本土化发展情况。这些平台拥有大量用户，对于竞争对手有碾压性优势。③ 城市等级区分用户使用人群，一二线城市与三四线城市用户使用的 App 区别较大。一二线城市之中，以微博、哔哩哔哩及小红书为主要用户聚集地；对比之下，国内欠发达城市之中，快手的用户基数更为庞大。这提示我们需要进一步认真思考快手和抖音给民众的思维方式和生活方式带来的深远影响。④ 用户跨平台活跃，用户重合率迫使平台不断创新。与国际趋势相近，虽然中国本土头部社交应用在用户渗透率方面占据绝对优势，但是用户重合率带来了社交 App 品牌想"抓住"用户有限注意力、需求和碎片化时间的难度，这也迫使平台为了生存，只能不断探索创新，找到契合的发展思路。⑤ 用户对社交媒体产生更多的依赖。比如，相关数据显示，抖音、小红书等平台的日均使用时长不断增加，特别是抖音（日均使用时长由 108.4 分钟升至 115.2 分钟）。有趣的是，很多用户倾向于在上班前和临睡前使用社交媒体。这些用户的使用模式，提醒我们应该积极反思社交媒体给民众不断被压缩的睡眠、心理健康、文化风气和工作效率等方面带来的负面影响。

第四章　基于新媒体的世界文明与经验交流

互联网技术和移动通信技术的高速发展，使得移动社交网络的应用逐渐大众化。社交网络是一种在线的社交网站，其有一些独特的功能：① 公开或半公开的用户配置文件；② 构建一个用户共享消息的其他用户列表；③ 链接的可见性和遍历性，使用户能够将自身的社交网络扩展到其直接联系之外。这些功能使社交网络在大多数国家都获得了一定数量的用户支持。

移动应用程序（application，App）是在移动设备上运行并执行从 Web 浏览到社交网络的功能程序。与传统的互联网服务相比，移动应用程序具有便利性和即时性等诸多优势，用户可以随时随地与朋友进行互动。在全球范围内，不可否认，Facebook 具有社交网络的领导者地位，截至 2023 年 4 月，全球 Facebook 用户数量（月活跃用户）达到 29.89 亿，每天使用 Facebook 的人数达到 20.37 亿，每天登录的月活跃用户比例为 68%。除了 Facebook 外，其他社交网络也正在流行使用，如 Instagram、Snapchat、Pinterest、Tumblr、Vine 和 Twitter（现更名为 X）等。另外，聊天交友类移动应用程序，包括 WhatsApp、WeChat、Skype 和 LINE 等，也有着可观的用户基数。随着社交网络应用程序逐渐国际化，截至 2023 年 7 月，全球社交媒体用户数量为 48.8 亿，相当于全球总人口的 60.6%。截至 2023 年，微信（包括微信国际版 WeChat）月活跃用户数量为 13.19 亿，微信已成为全球第五大社交媒体平台。作为社交平台的后起之秀，微信迅猛的增长速度得益于中国丰厚的人口土壤，也从侧面印证了我国社交媒体发展正呈现着高歌猛进的势头。移动社交网络的迅猛发展，为文化交流的多元互动提供了新契机。

从上述数据中可以看到，各类移动应用程序已经在世界各地发展得如火如荼，那么对于世界文化的交流互鉴，它们又在其中发挥了怎样的作用？为了更好地理解新媒体世界文化交流的新变化，需要更为直观的例子进行讨论。以 2021 年爆红国内外的电视节目《典籍里的中国》为例，其中一期节目通过讲述李时珍的故事，展示了他在面临从医、著书和出版等种种困难时的坚持不懈和奋斗精神。这一感人至深的故事，既向以李时珍为代表的中华医者致敬，也弘扬了中国传统科学求真务实、关注民生和开拓创新的精神。随后，该节目在国内掀起一股学典籍的热潮，更是借助新媒体平台（如哔哩哔哩、抖音等移动应用程序）进一步扩大了其影响力。如今，学典籍在国外也同样备受推崇，引起了国内外各大平台的讨论。通过这起经典的文化传播的实例，可以更好地理解，好的文化不仅需要厚重的历史底蕴，而且需要新颖的传播途径。新媒体时代创造了各种各样的交流平台，文化友好互鉴往来的渠道也在不断扩宽，类似《典籍里的中国》这样优秀的节目也必将为更多人熟知，中华文化的传承和发扬也因此有了更有效的途径。数千年来，中华文明如今再一次惊艳了世界舞台。而未来，在新媒体的基础上，必将历久弥新、生生不朽。

新媒体在外交中的作用也变得越来越重要，随着现代社交网络的普及，社交媒体在公共外交中早已不可取代。2011 年，英语也顺着潮流产生了一个新造词汇"microblogging diplomacy"（微博外交），种种迹象表明，使用微博进行外交已经逐渐成为国际政治的一种新兴方式。

随着中国的崛起，越来越多的外国政界人士选择对我国开展微博外交。2014 年，以色列前总统佩雷斯对中国进行了访问。与以往不同的是，佩雷斯在动身前往中国之前，便通过微博表达了对中国朋友的问候与对访问的期待。正是这种"人未到，微博先行"的新型问好方式，引来了广大网友的热议。新浪微博的统计数据显示，截至 2014 年，注册新浪微博账号的外国政要和国际组织负责人已近 200 位，其中一些账号的粉丝更是达到了数百万之多，这些微博账号主要以通过关注社会热点的方式来传播其国家的文化。从他们发布的微博内容来看，大部分都是轻松、亲民的话题，少部分涉及政治、经济等话题。2016 年，霍金博士开通了新浪微博账号，经过短短几天的时间，他的微博账号粉丝便突破了 300 万，他的第一条微博就是向中国人民问好，更有网友在他的微博下面评论"感觉霍金先生离自己更进一步了"。

如此看来，微博这种新媒体凭借传播信息速度快且范围广的特有传播属性，成为众多外国政界人士向中国表达友好和提升自身人气的重要媒体平台，进而为外国政界人士的宣传带来益处，当然，对中国亦是如此。这样一来，各国的交流也将变得更加紧密和频繁。世界的和谐美丽要由世界的每个个体肩并肩、手拉手，才能真正建立，要相信团结的力量，相信众人拾柴火焰高，相信世界在和谐共处的旋律下，必将弹奏出最美丽动人的乐章！

基于新媒体的跨文化经验、观点与情感交流案例见表 4-1。

表 4-1 基于新媒体的跨文化经验、观点与情感交流案例

案例描述	新媒体形式	交流起因	交流结果
案例1：典籍里的中国①。2021年5月，中国中央广播电视总台央视综合频道播出了《典籍里的中国》第四期节目《本草纲目》。该节目在海外掀起了"典籍热"的浪潮。国际主流媒体，如《自由日报》《华尔街日报》等都对此表现了高度赞誉，称该节目充分展示了中国深厚的文化软实力	数字电视、微博、Facebook	《典籍里的中国》在中国中央广播电视总台央视综合频道播出，并在国内外各大媒体平台广泛传播	采用文化节目、戏剧、影视化互融的形式，向全球展示了中国历史蕴含的丰富精神财富
案例2：友好的日本记者——"义墩墩"②。冰墩墩是北京2022年冬季奥运会的吉祥物，广受国内外群体的喜爱，相关的物品一经销售便在国内外抢购一空，如钥匙扣、手办、盲盒等，难求的销售现象。日本记者辻冈义堂极度喜爱"冰墩墩"，甚至给自己起了新的名字——义墩，其又是将自己名字中的"义"与"冰墩墩"相结合。不仅如此，他还在日本新闻直播间中摆满了"冰墩墩"，以便让日本民众也能够注意到可爱的墩，对此，日本网友纷纷表示："托了'义墩墩'的福，我见到了可爱的墩"，"冰墩墩"	数字电视、微博	北京2022年冬季奥运会吉祥物"冰墩墩"的出现，引起了大家的喜爱	通过社交媒体促进了国际文化交流
案例3："福宝"写真集成韩国爆款书③。爱宝乐园的大熊猫饲养员姜哲远（昵称"姜爷爷"）撰写了《熊猫宝宝福宝》一书，将"福宝"在满一岁前的养育过程记录下来。该书于2021年7月17日预售，一度冲上Yes24书店畅销书单榜首，人气持续高涨，成为韩国爆款销量书	微博、Facebook	"福宝"的双胞胎姊妹出生后，凭借萌动可爱收获大量粉丝，在网上引起热议	社交媒体在让"福宝"成功出圈的同时，进一步让两国之间的纽带构建得更加紧密

18

第四章 | 基于新媒体的世界文明与经验交流

案例	事件	平台	网友反应
案例4：花滑王子——羽生结弦①。北京2022年冬奥会期间，花滑选手羽生结弦的体育精神受到赞赏。央视也采用"容颜如玉，身姿如松，翩若惊鸿，婉若游龙！幸得识卿桃花面，从此阡陌多暖春"这样的美句来形容他。羽生结弦如今在奥运场上已经久负盛名，却依然选择冒着失败的风险在北京2022年冬奥会场朝着人类极限的4A动作发起冲击，这也是他广受赞誉的重要原因。另外，据羽生结弦所说，他收到了2万多封中国粉丝邮寄的信，对此，他公开露面，对中国粉丝的支持表示感谢。感到十分高兴。这也传递了体育不分国界，每个对梦想坚持不同如此多中国朋友的支持，外国人却得到了如此多中国朋友的支持，感到十分高兴。这也传递了体育不分国界，每个对梦想坚持不同的国家人的喜爱的寓意。	北京2022年冬奥会，日本花滑选手羽生结弦参赛	微博	通过社交媒体平台，许多网友对羽生结弦进行了大力的赞赏与支持
案例5：俄乌战争⑤。2022年2月，俄乌冲突爆发，此消息在我国社交平台微博中的热度瞬间暴增，我国网友纷纷对此消息表示关注，并发表了自己的看法。随着事件的发展，微博也随时更新最新局势，多个知名媒体博主发布进展消息，热度只上不下，中国网友直言"在微博里住了一天了"。更有网友一致相信在和平、维护和平仍然是所有人共同的期许，但在大是大非问题上，只有站在国家和民族利益的立场上，才是正确的站队	2022年俄乌战争爆发	数字电视、微博、YouTube、知乎、Twitter	我国网友可以使用社交媒体平台关注国际形势，并发表自己的看法

表4-1（续）

案例描述	新媒体形式	交流起因	交流结果
案例6：汉语言文化交流论坛⑥。埃及青年穆罕默德·扎克里在2015年创办了"我说中文"网络论坛，该论坛在新冠病毒感染疫情防控期间吸引了1.5万名埃及学习汉语者并成为中国文化、汉语论坛是一项公益平台，由他与志愿者共同运营。在论坛上，中资企业发布招聘广告，为埃及年轻人提供就业机会。此外，埃及和中国于2020年签署备忘录，将汉语作为埃及中小学教学的选修第二外语，为中埃中友好关系的发展提供助力	公益性的在线论坛	创建者热爱中国文化和想要帮助他人	搭建在线文化交流平台，促进了中埃两国，特别是青年人的文化交流
案例7：中智线上交流灾害应急管理经验⑦。2021年3月31日，中国与智利的应急管理部门灾害监测预警领域官员及专家在线上举行了主题是"预警、风险监测和应急通信可持续发展的经验分享机会"的研讨活动，旨在交流各自的管理经验和技术。对此，中国驻智利大使牛清报表示，中智两国在科技及自然灾害管理领域交流顺畅，这有助于促进两国在公共安全领域的知识交流，从而造福群众	网络在线平台	为了有效应对突发灾害，造福群众，中智两国在线上交流了各自的灾害应急管理经验	通过使用网络平台交流，有助于促进中智两国在公共安全领域的共同进步
案例8：国内外专家聚焦防治荒漠化与干旱⑧。为了纪念第27个"世界防治荒漠化与干旱日"，2021年6月17日，中国科学院新疆生态与地理研究所、"一带一路"国际科学组织联盟（ANSO）与联合国防治荒漠化公约（UNCCD）等多方通过线上视频会议合作举办了塔克拉玛干沙漠论坛。其中，联合国防治荒漠化公约秘书处执行秘书Ibrahim Thiaw发表视频致辞，强调土地修复是未来所有建设战略的基本内容，这对保障粮食和水资源安全、保护生物多样性等环保问题而言十分重要	线上视频会议	为了纪念第27个"世界防治荒漠化与干旱日"，召开塔克拉玛干沙漠论坛，并邀请国内外专家聚焦于此来探讨荒漠化的防治问题	通过线上视频会议，更好地促进多方之间的学术交流

案例	平台	内容	效果
案例9：卡塔尔小王子入驻中国社交平台⑨。在2022年11月20日卡塔尔世界杯开幕式上，观众席上的一名卡塔尔小王子因激动而表现出神态酷似世界杯吉祥物的呆萌举动，恰巧被视频镜头记录下来，也因此吸引了许多中国网友，网友亲切地称他为"饺子皮王子"。随后，这位卡塔尔小王子在中国的一些社交平台注册了账号，并向中国网友表达了问候与感谢。在24小时内，其粉丝数量就破千万，成为中国新晋的现象级网红	抖音、微博、小红书	卡塔尔小王子拉伊卜在中国爆红，随后他注册了中国的社交平台，进一步与中国网友交流	卡塔尔小王子拉伊卜得到了许多中国粉丝的喜爱，同时其与粉丝的互动也促进了跨国文化和情感交流
案例10："2022上海国际友好城市青少年夏令营"开营⑩。此次活动汇聚了来自11个国家的驻上海总领事馆官员、办事处代表，以及相关教育局官员、中学校长、教师，等等。总共有来自16个国家17个友好城市的144名外国营员学生，与上述各方一同在线上共襄盛举，参与这场国际友好城市青少年交流盛事	网络在线平台	通过举办在线夏令营，响应"一带一路"倡议，介绍中国传统文化，展现上海作为国际大都市的城市风貌，进一步推动上海与各国友好城市之间的交流	不断深化上海市与各国际友好城市之间的教育交流，增进世界各国青少年间的友谊与理解

表 4-1（续）

案例描述	新媒体形式	交流起因	交流结果
案例 11：中国非遗爆火海外[①]。根据 2022 年文旅产业指数实验室发布的报告，TikTok 上的中国非物质文化遗产内容在海外短视频平台上表现抢眼。总体而言，非遗相关内容的播放总量已超过 308 亿次，展现出分享中国传统节日欢乐氛围的热潮	TikTok	通过短视频这一创新形式，中国非物质文化遗产得以在视频中焕发生机，中华优秀传统文化得以被解码和展示。中国的传统工艺也借助 TikTok 等平台的力量走向海外，将其精髓传播到世界各地	加强海外网友对中国非遗文化的认识，产生对他国文化的好奇心
案例 12：三星堆考古新发现震惊全球[⑫]。在 TikTok 平台上，三星堆话题的播放量已经超过 2000 万次，引起了广泛关注。在以 "#sanxingdui" 话题标签发布的视频中，一段来自三星堆博物馆的分享视频成为焦点，获得了很多的点赞数量。这段视频时长约 1 分钟，展示了一位文物修复师耗时 10 年还原一件三星堆青铜人头像的过程	TikTok	帮助国内外友人更全面地了解了中华文化未知的历史	向国外展示了中华五千年文明的多姿多彩，并为早期中华多元文明一体性提供了实物证例
案例 13：李子柒短视频火出圈[⑬]。2021 年 2 月 2 日，吉尼斯世界纪录官方微博发布消息，宣布李子柒成为新的纪录保持者。她的 YouTube 频道订阅量达到 1410 万，打破了她在 2020 年 7 月创下的 "最多订阅量的 YouTube 中文频道" 吉尼斯世界纪录。这标志着李子柒再次刷新了她在中文视频平台上的影响力纪录	TikTok	在全球化和城市化的时代背景下，李子柒短视频向国内外粉丝展示了一幅别样的中国乡村生活画面	李子柒的短视频，为跨文化传播、讲好中国故事提供了一种叙事方式，向世界展示了更加多元立体的中国

注：① 《典籍里的中国》"火"到海外 被网友称为"封神之作"［EB/OL］.（2021-05-17）［2023-02-15］.http://m.news.cctv.com/2021/05/07/ARTIoq844fIjgwECUcWM5aYW210507.shtml.

②许文金，张丽娓. 日本记者"义墩墩"：会带着对"冰墩墩"的爱，做出更多精彩报道［EB/OL］.（2022-02-16）［2023-02-15］.http://japan.people.com.cn/n1/2022/0216/c35421-32353408.html.

③刘强. 妥妥顶流！福宝写真集成韩国爆款书［EB/OL］.（2023-07-20）［2023-08-13］.https://news.sina.com.cn/w/2023-07-20/doc-imzchwtx6219843.shtml.

④国球人生. 收信2万封！羽生结弦鞠躬感谢中国粉丝：作为日本人很高兴［EB/OL］.（2022-05-14）［2023-02-15］.https://weibo.com/ttarticle/p/show?id=2309350476896421045 8825.

⑤中国网友因俄乌战争打起"舆论战"，基于国家利益才是正确的立场［EB/OL］.（2022-05-16）［2023-02-15］.https://new.qq.com/omn/20220516/20220516A0813X00.html.

⑥黄培昭. "搭建好文化交流平台"［EB/OL］.（2021-01-14）［2023-02-15］.https://world.gmw.cn/2021-01/14/content_34542785.htm.

⑦刘淼. 中智两国线上交流灾害应急管理经验［EB/OL］.（2021-04-01）［2023-02-15］.http://www.gov.cn/xinwen/2021-04/01/content_5597274.htm.

⑧雷霞，汪渝. 塔克拉玛干沙漠论坛召开 多方肯定中国与"一带一路"沿线国家荒漠化防治合作［EB/OL］.（2021-06-17）［2023-02-15］.https://baijiahao.baidu.com/s?id=1702821712602590948&wfr=spider&for=pc.

⑨读娱，小咕咚. 粉丝破千万的卡塔尔王子，另辟蹊径成为"世界杯"新顶流［EB/OL］.（2022-12-08）［2023-02-15］.https://www.jiemian.com/article/8530426.html.

⑩2022上海国际友好城市青少年夏令营开营［EB/OL］.（2022-07-19）［2023-02-15］.https://edu.sh.gov.cn/xwzx_tpxw/20220808/c6db520522a47f1b9ac161c52b3e390.html.

⑪冉晓宁. TikTok 助力非物质文化遗产海外走红［EB/OL］.（2022-06-13）［2023-02-15］.http://www.news.cn/2022-06/13/c_1128737762.htm.

⑫霍魏. 三星堆祭祀坑发掘的世界性意义［EB/OL］.（2021-04-08）［2023-02-15］.https://m.gmw.cn/2021-04/08/content_13022186 85.htm.

⑬蒋俏蕾. 跨文化传播中讲好中国故事的短视频叙事探索：李子柒短视频海外走红的启示［EB/OL］.（2021-02-08）［2023-02-15］.https://theory.gmw.cn/2021-02/08/content_34609161.htm.

第四章 | 基于新媒体的世界文明与经验交流

表4-1中的案例均是通过社交网络的方式与外界进行沟通的，充分体现了社交网络在扩大信息传递范围、加快信息传递速度方面的优点；同时，体现出社交网络在面对国际化潮流下的机遇和挑战中发挥着越来越重要的作用。

社交媒体网络的作用体现为在不同领域下为文化传播提供了便捷的载体。在历史文化领域，《典籍里的中国》节目通过新媒体平台将深度的文化内容传递给观众，如通过哔哩哔哩、抖音等平台的互动性和传播速度，使得节目能够迅速引发热议，吸引更多观众参与讨论，扩大了文化影响力的范围。TikTok（抖音国际版）上关于三星堆考古新发现的视频在全球范围内引起了极大的关注，展示了中国古代文化的深厚底蕴和引人入胜的魅力。这些视频通过生动的故事讲述，向观众展示了文物修复的复杂过程和令人震惊的成果，通过这种方式，为更多人提供了了解和欣赏中国古代文化的窗口，促进了全球的文化交流与合作。在商业合作领域，李子柒在短视频平台上的爆火，凸显了新媒体的力量和影响，她以自己独特的风格及内容吸引了全球观众的关注，并在社交媒体上刷新了吉尼斯世界纪录。这一案例展示了新媒体平台为个人提供了展示自己才华和创意的机会，使个人的声音和影响力得以传播，并创造了无与伦比的商业价值。在语言文化领域，埃及小伙子穆罕默德·扎克里通过新媒体创办了"我说中文"网络论坛，促进了埃中文化交流，在新媒体的跨时空和跨地域特点下，两国人民能够通过互联网更好地进行实时交流、分享学习经验和文化心得，加强了两国人民的友谊和合作。在体育竞技领域，日本花滑选手羽生结弦广受中国观众喜爱，他在奥运赛场上的表现和对中国粉丝的感谢，被各大网络社交媒体转发，彰显了体育在超越国界、增进友谊、传递梦想方面的力量，也反映了中国观众对于国际体育赛事和选手的热情支持。

另外，社交媒体网络的作用为如今世界上存在的挑战提供了新的解决路径。在国际合作中，如在防治荒漠化这一环境问题上，社交媒体平台汇聚了来自世界各地的专家，为他们提供了交流和合作的机会，这促进了防治荒漠化领域知识与经验的共享，推动了全球范围内的荒漠化防治工作。在国际关系中，与俄乌战争相关的信息在微博、知乎等社交媒体上引发高度关注和讨论，中国网友对世界局势的关心及对和平的向往得到了向外表达的途径，新媒体让世界所有角落都能听到中国人对美好世界的祈愿。

社交网络的发展必然与全球化的发展密不可分，并将随着国际化的潮流而变得更加互融，在不同国家的不同领域潜移默化地改变着人们原本的生活方式。正如 Facebook 和 Twitter 在美国的社会运动中所扮演的重要角色一样，这种改变在人际关系层面或社会层面均有体现。作为社会资本的通用平台，移动社交网络在政治、商业和文化领域的蓬勃发展，远远超出了网络个人社交互动的预期功能。另外，本着参与、分享、开放和集体智慧的原则，移动社交网络的推广和传播范围也变得更加国际化。据了解，Facebook 和 Twitter 最初是为美国用户推出的，但是目前它们已经成为面向全球的社交平台，即便在一些本地社交网络占国内市场份额主导地位的、具有先发优势效应的国家，Facebook 和 Twitter 等社交网络在其中也占据一席之地。例如，在本土化信息通信技术服务保护最强的韩国，很多用户也倾向于离开当地的社交网络，加入到首批国际化社交网络之一的 Cyworld 及面向全球的 Facebook 中。随着智能手机的普及，国际化趋势不仅在韩国有所体现，在其他国家也有不同的案例。比如，一款由美国推出的软件——Orkut，虽然该软件提供的是英文服务，但是讲葡萄牙语的巴西人却迅速成为其主要的用户群，人群占比近 60%。

不仅如此，社交网络在国际的功能越来越同质化。例如，2017 年 Facebook 的即时通信应用 Messenger 新增了朋友间的"转账支付"功能，这与中国本土社交网络微信所包含的"微信转账"功能相似；另外，Twitter 与中国本土社交平台微博在社交方面的功能也很相似，如均允许用户发布内容，查看他人发布的消息，等等。

总而言之，社交网络间的互相融合是全球化发展的必然结果。而让社交网络真正能够获得青睐的原因是社交网络在不同方面提高了用户的满意度，使其在使用过程中无须受到时间和空间的限制，就可以随时随地与他人进行互动。这一重大突破跨越了地理、社会及文化的边界，为新媒体在跨文化交流互鉴中提供了坚实的技术保障。

第五章　社交媒体国际化交互设计特点

社交媒体在全球一体化趋势下所发挥的作用越来越大。现如今，许多国外社交媒体走入中国；同时，中国也在不断向外提供自己的社交网络平台，社交国际化已然成为现实。国际化的本质是尽可能地让产品或服务适应更多的文化，从而可以更为轻松地进入不同的市场，使得互联网信息的交流与传播、人与人之间的联系更加容易且紧密。然而，文化差异的客观存在意味着不同文化背景下的用户有不同的理解。因此，了解跨文化社交媒体交互设计特点，对于促进跨文化交流互鉴有着十分重要的意义。

不同文化背景的用户在社交软件的使用习惯上存在差异。哔哩哔哩和微博针对不同人群开发了不同的适用版本，以满足不同用户的使用需求。为了更好地说明社交媒体国际化在不同文化人群中的设计差异性，下面对哔哩哔哩和微博的国内外版本进行比较，见表 5-1 和表 5-2。

表 5-1　哔哩哔哩国际版与国内版的比较

功能	对比差异	国际版	国内版
图标设计	国际版采用英文，国内版采用中文		
推荐页面	国际版相比国内版，其界面裁剪了大标题推荐内容		

表5-1(续)

功能	对比差异	国际版	国内版
功能栏	国际版相比国内版，功能栏分类更简洁		
用户主页	国际版相比国内版，只保留了主要功能		
评论功能	国际版比国内版更注重隐私，推荐显示区未经同意不直接展示		
导航窗口	国际版相比国内版，弱化了同类推荐		
视频播放	国际版相比国内版，删去了大量广告，充分展示短视频的主要内容		

表 5-2 微博国际版与国内版的比较

功能	对比差异	国际版	国内版
图标设计	国际版与国内版的图标一致,国际版背景颜色采用白色,更为明亮		
话题搜索	国际版相比国内版,在推荐页面显眼部分弱化了广告推荐,加强了话题推荐		
用户主页	国际版主页面内容更为简洁,国内版主页面内容更丰富		
导航窗口	国际版相比国内版,导航窗口分类更清晰简洁		
语言翻译	国际版的语言翻译功能相比于国内版的更全面		

表5-2(续)

功能	对比差异	国际版	国内版
分享链接	国际版的分享界面比国内版的分享界面增加了Twitter，同时国际版分享界面并未显示用户关注人员，从而保护用户隐私		
评论功能	国际版相比国内版，评论栏更简洁，国内版功能更丰富		

　　表5-1和表5-2体现了国际化社交网络产品在界面用户设计方面的区别，进一步帮助我们理解了社交网络用户使用习惯与其文化背景间的关联性。为了更好地推进社交网络产品全球化发展，深刻理解社交网络的服务方式也是其中重要的一环。

　　不同于以新产品替代旧产品的消费服务方式，社交网络的服务方式具有延续性。这种延续性体现在用户使用新的社交服务后仍保持与原有社交服务产品的联系，即用户采用了一项新的社交服务之后，也会一直延续使用旧的社交服务。而这种现象的产生与用户在满足社交需求过程中既要寻找新的社交关系，又要维系原有的社交关系是密不可分的。例如，在美国，大多数微信用户会改为使用Facebook，而在国内，微信的用户总数领先于Facebook的用户总数，但是两者的用户又同时保持了对两者的使用。然而，随着不同社交网络产品使用数量的增多，这些用户会逐步迁移到其中一个最具有社交属性的网站之中，并将其视作主使用产品。网络服务必须达到用户的满意度，才能提高用户留存率，而能够满足大多数用户社交需求的社交产品自然脱颖而出。所以，在考虑社交网络交互设计的特性上，用户满意度是需要重点关注的影响因素。

　　社交网络的服务方式具有多元化发展的特点，并促进社交网络的多元化发展。人际传播和社会互动应用在社交网络上的研究结果表明，社交网络不仅对用户的心理状态和生活方式有一定的影响，还会带来文化之间的碰撞与交汇。这也说明，文化对于用户满意度的影响有着一定的探讨价值。跨文化用户群体在社交网络中的参与助推了社交网络的多元化发展[20]。例如，为了满足不同文化背景的需要，国内的微博、哔哩哔哩等社交网络产品为国际用户设计了相应的国际化版本。可以发现，两者都简化了界面的设计、调整了功能位置、增加了对等网络的链接等，更加符合用户的语境水平和使用习惯。这种在文化差异中寻找共性进行通用化设计的方式，间接提高了跨文化用户的体验满意度，为社交媒体国际化交互设计在实践方面作出了贡献[21]。

　　下面通过回顾社交媒体国际化交互设计理论方面的相关研究，来探究文化对社交媒体交互设计的影响。语言理解障碍是限制社交软件国际化的主要原因之一，因此，语言障碍是否影响跨文化背景下社交网络用户的满意度成为需要考虑的问题。例如，Facebook本地化网站所提供的翻译内容有时就像配音或字幕的出现会导致国际电影或戏剧的吸引力下降一样，这种当地语言文化思维下的翻译会造成用户对所使用社交产品的倦怠，从而降低使用频率，也将间接导致用户满意度下降。另外，根据来源可信度理论，文化来源不同所带来的差异会影响政策的执行力度，从而影响对其他因素的判断。在不同的文化背景下，政策的干预力度并不相同，最为直接的体现即隐私保护的可接受程度和范围不一致[22]，这也带来了新的问题，即文化政策的差异性对用户满意度是否会造成影响。这从Facebook的引进过程中可以找到相关证据。早在2007年韩国就实行了网络实名制，然而，由于Facebook在引进过程中对于本地隐私政策的了解尚未全面，所以遭到了韩国政府的起诉，造成了巨大的经济损失。类似地，有些文化区域的用户因为担心向外国公司提供个人信息会导致隐私泄露，从而拒绝使用任何国外社交产品，因为在他们的文化认知中，自己并不能受到该国政府的保护，这种认知取向的差异受文化政策的影响，也会使得用户满意度发生变化[23]。以上案例意味着，若社交网络产品的文化融入水平相对较低，则该社交平台成为该领域主导者的可能性也将随之降低，从而说明了文化政策带来的差异性将直接影响用户满意度。

　　文化的另一个重要影响体现在文化价值的不趋同，直接体现为不同文化价值观所引导的国家的社交媒体设计理念不同。不同理念下的价值观所表现的重要性各不相同，其本身也成为个人或其他社会实体生活中的重要原则[24]，不同的文化价值观会带来不同的化学反应。那么文化价值的不趋同对社交网络用户的满意度有哪些影响？通过对比美国的 Facebook 与日本的 Mixi 两款社交网络产品可以发现，Facebook 的用户设计界面更为直接地将用户及其社交好友的个人信息展现出来；Mixi 没有仿照 Facebook 的展现方式，而采用了更为保守的方式[25]。此外，韩国的 Cyworld[26]、中国的微信[27]里也具有反映本国沟通风格及文化价值背景的设计，具体表现为：前者的功能以满足主要需求为主，集中性更强，布局更简洁；后者的界面组件更为丰富，用户在功能的可选择性方面有着更大的空间。

当前，信息系统领域的研究正逐渐从纯粹的技术角度向以人为本的交互式设计角度转变。因此，通过用户分析来把握核心需求，是提高用户满意度的先决条件[28]。面对不同文化用户的需求异质性，开发者仅针对语境、日期和排序等方面进行调整，使得用户嵌入生硬，严重阻碍了产品的本土化进程[29]。例如，中国留学生习惯使用微信，对于 Facebook 的 Message 功能不太适应，导致不愿意对其进行频繁的使用。好的设计需要对需求、动机、心理、环境等相关因素进行充分分析，唯有如此，才能使用户设计最大限度地满足用户的需求[30]。同样是推送资讯，日本的社交 App 的新闻界面布局紧凑、信息量大、页面效率很高；而北美的新闻 App 界面更注重突出重点内容，信息密度相对来说并不高。究其原因，在于二者核心需求的差异。日本城市人口密度大，地铁成为上班族最主要的交通工具，因而在有限的时间阅读尽可能多的资讯是他们对于信息获取的核心态度；而北美地区面积大，大部分人会驾车上班，时间宽裕，能否满足在浏览过程中保持心情愉悦是他们看重的第一要素。由此，可以推断出，在不同的文化中对同一社交网络产品的接受度会因其需求的变化而发生转变。因此，需要认真研究各国之间文化差异带来的用户需求异质性，进而提高用户黏性。

通过上述研究可以了解到，文化所造成的用户需求异质性是影响用户对社交软件满意度的重要因素之一。另外，网络本身创造的移动应用环境会对文化的互融产生影响，这种影响也会变相作用到用户满意度之中。随着不同文化背景的用户不断地进入网络之中，用户通过共享信息建立社交关系，从而使其影响范围不断扩大，即便处于同一年龄阶层，也会因其文化差异而产生不同的言论。这也被称为是一种创新扩散的过程，而参与这个过程的每名成员都会或多或少地接收到各行各业的理论知识。这种不断接受新事物的心理会促使用户持续不断地使用社交网络产品，从而影响用户对使用产品的满意度。

前文考虑了网络移动应用环境的作用机理及对用户满意度的影响效果，却忽视了社交网络中感知价值带来的影响。感知价值又可以分为情感、社会、质量及性能价值，而在社交网络中的感知价值多体现在社交网络环境中的同伴影响[31]。理性行动理论认为，个人的态度、主观规范和社会影响是驱动行为意图和动机的主要因素，并通过用户的情感倾向而有所表现[32]。当用户在社交网络交际过程中找到与自我有着共同话题的社交对象时，这种情感上的互相共鸣会促使用户对社交网络产品的黏性上涨，尤其是不同文化间产生的文化共鸣更让人产生相见恨晚之情。而由于受到时空等条件的限制，交流的渠道相对而言也会减少，社交网络产品成为用户之间沟通与连接的相对最优解。这种由感知价值带来的情绪变化，进而也会转化为对社交产品的用户满意度的提高。

通过上述内容的讨论，在考虑社交网络交互设计的特性上，已经证实了文化是影响用户对社交网络产品满意度的重要因素，以及其他因素对用户社交产品满意度的影响。在实际的社交网络设计中，有关文化属性在社交网络可视化与非可视化的体现，都有着相应的现实对照。在可视化部分，用户界面、网站设计、Web浏览器等，体现了跨文化差异。而在非可视化部分，体现在用户对电子邮件、电子商务网络商品的分类习惯等交互行为之中。然而，美中不足的是，现有的研究主要指出了两者在语言、文化、习惯等方面的影响，但对跨文化社交网络的参考设计理论鲜有探讨。

比如，人们可以在文化适应理论视角下理解跨文化社交媒体交互特点。20世纪80年代初，改革开放使得越来越多的中国人有机会走出国门，到国外留学和工作。相应地，自2001年中国加入世界贸易组织（WTO）以来，中国以开放的态度吸引了越来越多的外国人前来留学和工作。众所周知，中国文化和其他国家的文化在社交方面存在很多差异，"旅居者"在走出国门之后，不可避免地面临强烈的"文化冲击"。旅居者是指短期居留在某一个社会文化中的非本文化群体中的个体，包括商业人士、留学生、专业技术人员、传教士、军事人员、外交人员和旅行者。有关研究结果表明，相较于中国与印度、日本和韩国之间的文化差异，中国与美国之间的文化差异更大，因此，中国学生去美国留学比去其他亚洲国家留学所受到的文化冲击要大一些。跨文化交流中，不同文化的个人或群体之间的学习和适应是一个持续不断、逐渐积累的过程,韩国学者 Kim[33] 将这个过程总结为"压力—调整—前进"的动态模式。很显然,为了加速文化适应,不同文化的人们应该加强相互了解。在这个意义上,约哈里窗口不仅揭示了人际交流可能存在的情况,而且提供了改善交流质量的具体措施。例如,交流双方应该扩大开放区,缩小盲目区、未知区和隐蔽区。此外,交流双方也要系统了解双方文化,深刻认识彼此间的异同。文化适应能力的提升,同样离不开技术变革带来的社交效率的提高。社会临场感理论指出,技术环境的特性会影响用户的社会交互,进而对用户的社会存在感、社会情感产生影响,跨文化交流在媒介技术支撑下,可以最大化效率地进行融合,进而满足世界文明发展延续的需要。文化间性理论将这些差异文化当作文化交融的契机,化劣为优,使文化主体相互影响、交互作用,对跨文化的合作互融起到指导意义。

下面对文化及前文提到的跨文化交互的核心理论进行详细的阐述。

(1) 文化的定义。文化是动态的,是一直处于发展中的、经过长久沉淀形成的、不断将新旧思想结合的产物。目前,学术界对文化的定义尚未达成一致。在《文化概念——一个重要概念的回顾》一书中,克罗伯和克鲁克洪梳理了 160 多种文化的定义,将相似的定义进行总结,凝练出 5 种具有代表性的文化的定义,见表 5-3。

表 5-3 文化的定义

作者	年份	定义
Edward Taylor	1871 年	文化是融合的载体,包含了不同领域创造的各个方面,在世代积累中而不断扩充
梁簌溟	1920 年	人类生活的样法体现在文化之中,从精神、物质、社会生活三方面体现
Clyde Kluckhohn	1952 年	历史所创造的文化是生存样式的系统,可以由某个时期一个群体的共享特征表现出来
Melville J. Herskovits	1955 年	文化是被人为创造的非自然原生态的事物或环境
Geert Hofstede	1980 年	文化相当于人的"心理程序",它会影响人们的关注对象、行为方式及怎样判断人或事

各类学者对于文化的定义各异,但在跨文化研究领域通常是将国家与文化等同起来描述。虽然基于国家(如中国与美国)的群体比较可能提供信息性结果,但是这种方法往往过于简化一个国家内的个体差异。在当今全球化的世

界中,个人可以拥有双重文化取向[34],也就是受不同国家的影响形成的两种文化背景。文化的定义也因此变得多样化。其中,Hofstede[35]的相关研究被引用得最多,他将文化定义为"思想的集体规划将一个人类群体的成员与另一个群体区分开来"。通过调查,Hofstede 总结出最能体现不同国家和民族文化差别的六个方面,即权力距离、个人主义/集体主义、男权主义/女权主义、不确定性规避、长期导向、放任与约束,见表5-4。

表5-4 Hofstede 文化分类

类别	定义
权力距离	衡量权力在关系、机构和社会中如何分配与接受的尺度。在权力距离大的文化中,上级对下级的绝对影响力较大,下级倾向于无条件服从和接受上级命令;而在权力距离小的文化中,组织更趋于扁平化,下级倾向于追求平等,不易于受到上级的控制。它会影响你与老板、老师等的互动,甚至影响一个国家的治理方式
个人主义/集体主义	人们与某集体内其他人之间的联系强度或融入该集体的程度。个人主义更倾向于除了关心核心"家庭"的人际关系之外,与其他人关系薄弱,对他人的行为和结果承担的责任更少。在集体主义中,人们认为应忠于他们所属的群体;同时,群体将捍卫他们的利益
男权主义/女权主义	这个维度体现了男女之间角色分配的不同。在男权主义中,男性和女性的角色重叠较少,男性被期望表现得更具竞争性、野心和自信,而这些被视为积极的特征。在女权主义中,男性和女性的角色重叠较多,谦逊柔和为社会所尊崇,更加重视良好圆润的社会关系
不确定性规避	社会成员对未知或模糊的情况感到不安,并尽可能避免这种威胁的倾向。高不确定性规避的社会鼓励人们保持稳定性和可预测性,以减少不确定性带来的威胁。在这种环境下,人们往往遵循既定的规则和传统,依赖已知的经验应对不确定的事物。而低不确定性规避的社会鼓励人们保持灵活性和自由性,以适应不断变化的环境。在这种环境下,人们往往对未知的事物持有开放的态度,并愿意承担更多的风险
长期导向	某一文化中的成员以未来的目标为导向来决定自己的行为和决策的倾向。长期导向的社会成员更加愿意为未来的生活制订长远的计划和目标,倾向于为了未来的回报而付出长期努力。相反,短期导向的社会成员更倾向于关注眼前的需求和欲望,追求即时满足和享受

表5-4(续)

类别	定义
放任与约束	反映了社会成员对于控制自身欲望的不同态度。在放任指数较高的环境中，社会规范和制度相对较为宽松，较少对个人行为进行严格的约束，鼓励个体自我实现和自由表达。而在约束指数较高的环境中，社会规范和制度较为严格，社会成员往往更加注重传统、权威和秩序，对自己的欲望和行为有更高的自我约束

Redfield 等[36]根据跨文化提出了文化适应的概念，他们将其定义为：文化适应是指两种不同文化的群体在接触过程中所导致的文化模式的变化。据此定义，可以了解到跨文化适应是一个不断变化的过程。Green 等[37]也认为，文化适应是随着时间的变化而变化的过程，并不是一个停滞的过程，并且是发生在个体完成了一种文化的社会化过程之后，进入陌生的文化中，不断地、持续地、直接地接触这种文化，这种接触是文化的主要刺激。Berry[38]认为，跨文化的操作性是指个体在与来自其他文化的个体或群体进行接触、互动时，在态度和行为层面所采取的社会互动方式与沟通（包括沟通能力与沟通舒适度）风格。

综合以上学者的研究观点，不难发现，文化适应不仅是外在文化特征（如衣食住行、生活习惯等）的改变，还包括内在特征（如价值观、人生信念、态度等）的改变。

（2）约哈里窗口[33]。关于如何促进人际交往，美国心理学家约瑟夫·勒夫和哈里·英格拉姆提出了一个名为"约哈里窗口"理论。他们强调，人际交往、商业谈判等成功与否，大概率取决于每个人的"自我暴露"程度。约哈里窗口通过将信息分为四个区域，展示了交流双方在沟通中的开放程度和相互了解程度。这四个区域分别是开放区、隐蔽区、盲目区和未知区。通过理解和利用这四个区域，人们可以更好地理解交流过程，从而提高沟通效率。由此，这种将交流内容细分为不同区域的方法为我们提供了一条有效路径，有助于消除文化误解和避免文化冲突。

① 开放区：包含自己了解并愿意与他人分享的或自己和别人都知道的内容，如性别、年龄、外貌等大家都知道的信息。作为社会中的个体，我们无法完全隐藏自己，要有一定的开放区。因此，开放区是人们社交互动和沟通的必要组成部分。

② 隐蔽区：自己了解但不愿与他人共享的内容。每个人都有一些不方便

告诉他人的内容，"隐私权"是个人的基本权利。因此，隐蔽区永远存在。

③盲目区：自己不了解，他人却了解的内容。存在于社会中的个体由于受到各种因素的干扰，很难对所有事物保持客观公正的态度；而相同的情况下，他人对自己的把握会更加客观。这就是所谓"旁观者清"，这种客观存在无法消除。

④未知区：自己不了解，他人也不了解的内容。这类内容表明个体是一个不断发展和创新的过程。

实际上，以上四个区域并不是等分的，也不是静止的，而是动态的。随着个人经历的丰富和社交活动的增加，人们对自己的了解也会逐渐加深。因此，在社会交往中，人们通过与他人的互动和交流，逐渐增进他人对自己的了解，同时获得反馈信息，进一步增进对自己的了解。在这个过程中，对他人了解的不断增多，使得开放区不断增大。

（3）社会临场感理论[39]。该理论是指一个人感知沟通参与者存在的程度[40]。社会临场感理论认为，由于媒体传递视觉和语言线索（如物理距离、凝视、姿势、面部表情、语调等）的能力不同，媒体传达他人心理感知内容的效果也会不同。一些媒介（如视频会议或电话）比其他媒介（如电子邮件）具有更强的社会临场感，而社会临场感较高的媒体对于关系沟通（即建立和维护人际关系）更有效，因为它们涉及社会或个人问题和思想。社会临场感较高的媒体在社交媒介中扮演着重要的角色，能够营造出一种亲密、真实的交流氛围，使人们更容易产生共鸣和情感连接。社交媒介不仅有助于拉近人与人之间的心理距离，还为建立和谐的人际关系提供了有力支持。

目前，网络新媒体技术的发展为更好促进人际交往发展提供了社交媒介，在各种智能技术支撑下，用户的参与感受获得了不同程度的扩展与丰富，跨文化间的交流不再是"哑巴对话"，极大地提升了用户体验，增强了用户的社会临场感。未来，增强现实（AR）技术、虚拟现实（VR）技术的进一步发展，将进一步提高交流双方的满意程度。

（4）文化间性理论[41]。约斯·德·穆尔从文化传播的角度提出了文化间性的概念。文化间性是指在不同文化环境中，各种文化元素之间的相互关联和相互影响。这一概念突出了文化间的交流与互动，而非单一文化内部的独立发展。过去，不同文化之间受时间和空间的限制，无法进行相互交流；现在，交流方式的多样化打破了原有的孤立模式，这也促使文化间性这一概念的出现。

文化间性的产生需要以不同文化交流为前提,在新媒介建立下的文化多元互融的时代,实现跨文化交际最重要的就是要承认各国家或地区的差异,并将这种差异本身作为彼此理解、交流的契机,唯有如此,才能让不同的文化发挥各自的特点,并在相互交融中互相借鉴、互为补充。

(5)文化适应。自20世纪以来,世界各地以留学、经商及其他目的出国的人数正在不断增加。与此同时,社交网络技术的迅速发展使人们可以在不同模式下不受时间和地域的限制进行交流和经验分享。旅居者在新的文化环境中需要不断寻找文化共鸣,以应对跨文化适应的困难和心理压力,社交网络也成为他们的心灵寄所。Haslberger[42]将文化适应定义为一个人熟悉并能够在一种新的文化中有效发挥作用的过程。Adelman[43]认为,文化适应是指应对新文化环境的不确定性,并获得对新文化环境的掌控。Ward等[44]认为,文化适应包括社会文化适应感和心理幸福感。还有学者认为,文化适应由个体组成,是具有不同文化的两个群体之间发生持续的、直接的文化接触,从而导致一方或双方原有文化模式发生变化的现象[45]。

(6)跨文化适应的相关研究进展。相对于文化适应,文化冲击是由于失去所有熟悉的社会交往标志和符号而产生的焦虑所引起的[46],是指个体离开自己原本的文化环境,迁往新的文化环境后,可能会面临的文化上的不适应。即由于居住国家或所处社会文化环境的转变,使得个体在饮食、气候、语言、服饰,甚至行为举止等诸多方面产生不习惯。

目前,学者对于跨文化适应的研究主要涵盖两个方面:一方面是从理论的角度出发,构建和修订文化适应相关理论的框架和量表等;另一方面是聚焦文化适应与身心健康等心理和行为因素之间的关系。

在跨文化相关研究中,学者通过建立模型来研究和分析跨文化现象,典型的模型包括单维度跨文化适应模型和双维度跨文化适应模型,这被称为"跨文化适应策略"。Gordon[47]认为,文化适应是单维度的,个体在接触新文化后适应的结果是被当地文化同化在模型中的,本土文化和当地文化是一个连续的统一体,分别处于两个极点,在文化适应过程中,当地文化的融入度越高,与本土文化之间的联系就越少,如图5-1所示。除此之外,著名的U形曲线假说、W形曲线假说、文化休克假说都是单维度适应模型的代表。双维度学者认为,个体在适应过程中同时被两种文化作用,两种文化的作用是相互独立的。Berry[38]提出了文化适应模型,将个体适应策略分为两个维度:第一个维度涉及保留或拒绝个人的本土文化；第二个维度涉及本土文化的采用或拒绝。根据这两个维度，产生了四种文化适应策略，即同化、分离、融合和边缘化，如图 5-2 所示。具体来说，同化发生在个人采用主导或东道主的文化规范，而不是他们的原生文化；分离是指个人拒绝主流或东道主文化，而倾向于保留他们的原生文化；当个人能够采用主导或东道主文化的文化规范，同时保留他们的原生文化时，就会发生融合；边缘化通常发生在个人拒绝他们的原生文化和主导的东道主文化时。

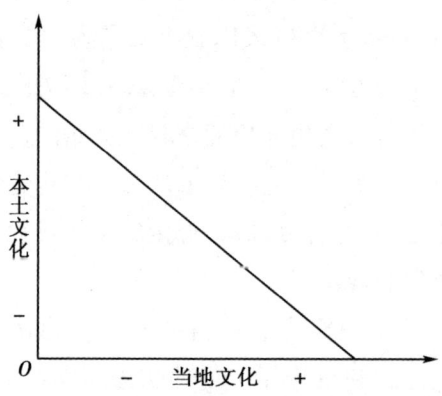

图 5-1　Gordon 的单维度文化适应模型

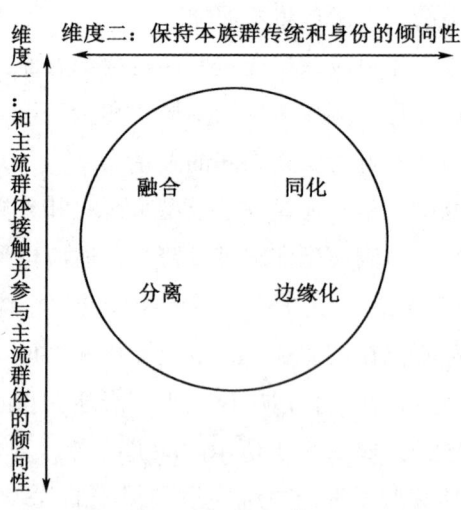

图 5-2　Berry 的双维度文化适应模型

第六章 国际化交流背景下新媒体的相关研究与探索

在当今国际化交流日益频繁的背景下，新媒体的崛起成为全球范围内学术界研究者关注的焦点。随着信息技术的迅猛发展和全球互联网的普及，新媒体平台如雨后春笋般涌现，为不同国家和文化间的交流提供了前所未有的机遇。在新媒体时代，研究和探索新媒体在国际化交流中的角色与影响成为一项重要任务。

在相关理论和研究模型方面，Durfee 等[48]采用技术接受度模型（technology acceptance model，TAM）对美国和墨西哥两国的学生进行实证研究，不仅检验了该模型在不同文化间的适用性，还检验了接受用户界面（user interface，UI）设计的影响。根据解释层次理论（construal level theory，CLT）和文化效应理论，Chang 等[49]研究了不同文化下产品稀缺对消费者在电子商务网站购买行为的影响。Raacke 等[50]以 MySpace 和 Facebook 为例，采用使用满意度理论，研究社交网站用户的主要使用原因、特征及满意度。结果表明，大学生用户使用社交网站的主要原因是结交新朋友、联络老朋友。

在跨文化的网站设计方面，杨海洋[51]以美国 Facebook 为例研究了新媒体时代跨文化传播行为，归纳出 Facebook 跨文化传播特点，并说明 Facebook 在跨文化传播互动与融合中的积极作用。徐文娟等[52]对比分析了中国企业在美国、中国本土及美国企业在中国的三种网站上展示的文化价值内容，并从不同角度深入探究了中国企业在海外的文化融合问题。Bartikowski 等[53]指出，企业应在网站传播中考虑文化偏好，不然会导致用户对网站内容认知产生偏差，形成消极的企业形象。李月琳等[54]基于跨文化视角，分析了中美两国网络用户信息搜索行为特征的共性和差异。研究结果表明，两国在主题和使用上存在较大差异，但都遵循最小努力原则。Ye 等[55]建立了一个网页印象形成的理论模型。该模型具有一个处理阶段的时间序列：自动处理、初始感知确认和印象形成。Shen 等[56]讲述了如何为中国网站浏览器图标进行适宜性设计，使其展示的图标和文本具有较高的识别率，并具有较高的满意度，借此表明中国用户更喜欢给他们带来游戏感的网站浏览器，这也是提出 3D 界面发展的原因。

在跨文化的电子商务社交媒体网络方面，周敏仪[57]通过问卷调查进行了文化维度和大学生网上购物意向关系的实证研究。结果表明，文化维度通过其对思维的作用，间接地影响了消费者的网上购物意向。Chu 等[58]通过考察中美两国间的社会关系变量，研究了社交网络中电子口碑（eWOM）的跨文化影响，通过实证得出，民族文化是影响消费者参与 eWOM 的重要因素。Goodrich 等[59]利用文化层面比较社交媒体和其他信息来源对 50 个国家消费者决策的影响。结果表明，影响网上购物决策的信息来源和在线投诉的行为因文化差异而略有不同。Cheong 等[60]通过对位于韩国和美国的 6 个数码相机评论网站的讨论版内容进行分析，研究美国消费者和韩国消费者之间评论的跨文化差异。Chung 等[61]通过关注 Facebook 商业页面，调查企业在其发起的社交媒体平台上的沟通行为的财务回报，在对 63 家韩国公司进行抽样调查后，发现公司对负面客户信息的回应量和及时性积极影响了公司的市场表现，强调了企业在社交媒体上行为的商业价值。Faraoni 等[62]调查了文化差异如何影响消费者的网上购买行为，对 350 名积极使用阿里巴巴电子商务平台的欧洲和亚洲消费者进行问卷调查，证明文化显著影响了亚洲消费者的信任，以及他们的意图和在线行为。当然，将社交媒体网络应用于电子商务也存在一定弊端。Wang 等[63]用在澳大利亚和中国收集的调查数据进行检验，结果表明，社会资本和社交媒体评价在所有子样本中都具有积极影响，而隐私风险和隐私控制在高不确定性回避子样本中具有显著影响。这说明，当进行商务合作时，应考虑对方的文化背景，更好地保护个人隐私。González-Pizarro 等[64]从一个关于 CambridgeAnalytica 丑闻的西班牙语和英语推文的数据集中收集数据并进行分析，结果表明，用英语收集数据比用西班牙语收集数据更受重视，来自北美的数据对隐私意识的关注范围更窄。另外，Park 等[65]考察了信任结构的三个维度——能力、仁爱和诚信。关注美国和韩国在线客户之间的差异。该研究结果反映了质量成为信任的间接因素，而不是决定性因素；且与韩国相比，美国的信任倾向更高，韩国人比美国人感知到更高的风险。

跨文化沟通背景下的社交焦虑现象也是非常值得注意的问题。国内外早期就开始了关于社交焦虑的一系列探索。焦虑是不确定性的情感（情绪）等价物，当人们与他人交流时，都会经历某种程度的焦虑。一般来说，随着人们对他人了解程度的增加，人们与他人互动时所经历的焦虑往往会减少[66]。在跨文化交流过程中，文化背景不同所带来的不熟悉程度的加深，同样容易增加交流双方的焦虑程度。Gudykunst[67]提出了 AUM 理论（焦虑-不确定性管理理论），该理论被广泛地应用于人际和群体间沟通效果的研究，解释了焦虑及不确定性与跨文化交流有效性之间的关系，并将文化、组织、情境和个人层面的变量与沟通效果和跨文化调整联系起来，通过不确定性和焦虑管理进行调节。Presbitero 等[68]扩展了 AUM 理论在跨文化交流中的研究，提出 CQ（由知识、技能和元认知组成的个人能力）形式的跨文化交流能力，并将其有效性与知识共享相联系，认为在跨文化交流时高度存在的不安和担忧他人分享信息时效率低下有关。Li 等[69]将 AUM 应用于游戏化方面，通过 AUM 理论深入了解游戏化机制在用户焦虑的群体中的作用，以及他们参与游戏化社交移动营销活动的意图，并证明与弱联系群体形成机制相比，强联系机制可以降低用户的情绪焦虑水平，包括减少用户操纵焦虑、用户隐私焦虑和社交形象焦虑。Okawa 等[70]研究了不同文化的国家在社会焦虑体验方面是否存在差异，以及二价恐惧评估模型是否适用于个人主义国家（澳大利亚和美国）和集体主义国家（韩国和日本）。704 名参与者的评估结果表明，集体主义国家报告的社交焦虑和对负面评价的恐惧症状更多，而个人主义国家报告对正面评价的恐惧（FPE）更高，且社会焦虑具有不同的相关功能，在跨文化应用认知-行为治疗策略时，可能需要进行修改。Ayyash-Abdo 等[71]比较了黎巴嫩年轻人和英国年轻人社交焦虑症状的频率，并调查了社交焦虑、自我解释与感知社会规范之间的关系，得出黎巴嫩年轻人在独立和相互依存的自我建构方面得分高于英国年轻人，黎巴嫩年轻人对寻求关注的行为表现出更大的接受度。英国样本的文化规范和社交焦虑呈正相关，独立和相互依存的自我建构与文化规范和价值观之间的相关性更高。另外，焦虑本身也有最大和最小阈值的区别：当焦虑量超过最大阈值时，人们会变得非常不安，并倾向于以简单的方式处理信息；当焦虑的程度低于最低阈值时，人们根本没有动力进行交流。这也说明，当一个人处于不同的文化环境中感到情绪稳定、心理满足、社交合适和沟通有效时，就会在当下环境交流中作出有效调整[72]。

在实践方面，新媒体下的文化被赋予新的传播能力。例如，"淄博烧烤"在社交媒体平台迅速走红。"大学生组团到淄博吃烧烤""坐高铁去淄博撸串"

"烧烤小哥脸都熏黑了"等热门讨论多次登上微博话题热搜。淄博成为国内一众网红城市中的"顶流"。各路博主、媒体、游客纷纷发布打卡淄博烧烤的短视频。此类"媒介种草"是社交平台用户分享内容的一种积极变体，这实质上是网络社会参与式文化的体现。社交媒体平台为用户提供了公开的分享和传播空间，用户在此基础上，积极主动地在该空间将个人媒介的消费体验转化为创造性的媒介文本。互动不仅为城市传播带来了活力，也带来了生活气息和可供大众尽情去释放、想象及体验的空间。

在此基础上，互联网出海是跨文化视角下社交媒体网络打开的新方式。出海，即本国企业通过其他形式为本国以外的国家提供服务。互联网出海是借助互联网，带给其他国家新的服务。互联网的出现为跨文化传播提供了便利，挣脱了文化传播在空间与时间上的束缚，打破了国界的屏障，加速了文化的交流互鉴，为中国文化的出海打通了脉络。互联网文化涌现出一大批中国专属IP，帮助中国吸引了全世界的流量，这种IP输出的新方式既是一种对中华文化创造发展的突破，又是一种将国粹与互联网结合的新探索，还是讲好中国故事的新途径，帮助中国向全世界传递相互包容、求同存异的和平理念。

网络游戏出海成为文化传播的新载体。随着国内游戏市场的逐步成熟，在国外游戏市场的竞争也有了实践经验。作为二次元代表的互联网公司米哈游，将游戏《原神》与中国戏曲艺术相结合，借助游戏剧情的推进，将丰富的戏曲文化通过神女劈观的神话故事展现出来，游戏场景内的新生艺术家云堇搭配婉转动人的京剧，让传统文化的表达方式与现代元素产生奇妙的碰撞，得到了更具生命力的表达，赢得海内外赞誉，实现了企业盈利、文化输出、受众满意的三赢局面，为构建跨文化传播的新桥梁提供了借鉴案例。

短视频出海，焕发文化互鉴的新动力。互联网时代下，5G行业的发展促进了短视频的深度发展，除了文字和声音，短视频已经被认为是另一种新的网络表现形式。目前，国内的主流短视频平台有今日头条、抖音、快手、哔哩哔哩等。在经历了十余年的发展之后，我国的短视频市场已经逐渐走向成熟，在内容制作上，其专业化和垂直度也在逐渐加深，并开始向海外发展。我国短视频市场正以"中国风"为特色产出大量视频，向全世界输出中华文化。例如，2021年1月25日，中国短视频博主李子柒打破了由她自己创下的"最多订阅量的YouTube中文频道"的吉尼斯世界纪录，她通过发现电影及其"冲突点"，将电影和中国文化有机地结合起来，起到了推广中国文化的示范作用。

网文出海成为文化叙述的多面手。短视频内容丰富，风格多样，从传播视角来看，"多面性"叙事更具传播力与说服力。网络文学出海是讲述中国故事的助推器。网络文学可以通过连载的方式提升用户的留存率，提高用户黏性；同时，其本身具备的虚拟互动性可以让读者更为直观地体会到新媒体产物带来的创造性。网络文学的发展，不仅仅是为了创新地传承中国的传统和文化，更是为了让国外的读者更好地认识到富有生命力的中国文化。一些网络小说已被改编为电视剧、电影和动画等形式并输出到国外，获得了很好的效果。今后，一些互联网文学公司（如阅文等）将会以文化IP为基础，大力推进整个产业链的对外输出，促进中华文化从"走出去"到"走进去"。

伴随着跨文化视角下的互联网出海，一些负面影响也随之而来，其中最为明显的即虚假新闻的快速传播。虽然利用社交媒体进行文化传播是一种快速、便捷的方式，但存在虚假新闻发酵的风险。虚假新闻不仅会误导公众、破坏社会信任，还可能导致公共事件的恶化和社会动荡。例如，2016年美国大选期间，社交媒体上出现的大量虚假新闻成为热门的公众讨论话题和学术研究议题。清华大学新闻与传播学院的史安斌教授在《新闻记者》（2017年第6期）中发文指出：虚假新闻在多大程度上影响了大选走向有待商榷。目前，学术界对于假新闻传播有两种理解，分别为强大影响路径和有限影响路径。值得注意的是，大众对于转发假新闻存在较高热情，虽然假新闻的规模远不及真新闻，但它在社交媒体（如Facebook）上产生了重要影响。这可能是因为假新闻更加耸人听闻，其背后的心理和行为动机有待进一步研究。假新闻通过错误信息（misinformation）或诱导信息（disinformation）等多种复杂手段，以及社交媒体的不断发酵，基于受众的证实偏差（confirmation bias）等心理不断被传播和强化。有趣的是，在有限影响路径理论中，假新闻被看作一种公众情绪宣泄的"减压阀"，即公众情绪积压先于假新闻的到来。

新华社记者高文成[73]于2023年12月26日在新华网上发表的新华时评中讨论了两个虚假新闻的案例。第一个是在巴以冲突背景下，一名粉丝多达10多万、名为Megatron的"大V"，编造了"中国军舰对遇袭以色列货船的呼救视而不见"的虚假新闻，还附上虚构的"美联社"来源和图片。而事实上，15年间，中国海军累计派出45批编队150余艘舰艇上的数万名官兵，完成1600多批护航任务，解救、接护各类船舶近百艘，展现了大国担当，广受国际认可。另一个是新冠病毒感染疫情期间，在美国流行起"5G传播病毒""打疫苗会将魔鬼打进身体"等谣言。对此现象，该新华时评犀利地指出：对待此类虚假新闻必须"就地消毒"。虚假新闻的危害不容小觑，因此，当利用社交媒体进行文化传播时，需要注意新闻的真实性和可信度，避免误导公众和破坏社会信任。

此外，新媒体也会影响国家和企业的形象，其传播力量既可以塑造正面形象，也可以形成负面形象。卡塔尔世界杯于2022年11月20日拉开帷幕。作为中东第一个举办世界杯的国家，卡塔尔可谓倾尽举国之力。除了在基础设施方面的巨大开销，卡塔尔在宣传方面也投入了大量精力。卡塔尔交付与遗产最高委员会宣布开放卡塔尔媒体门户网站，以发布有关2022年世界杯的所有报道和媒体新闻。该门户网站作为一个新的数字平台，将会提供卡塔尔的独家消息，不仅为参加世界杯赛事报道的媒体提供多项服务，也为卡塔尔相关赛事安排进行宣发，对赛事乃至国家的文化宣传、传播起到了很大的作用。卡塔尔对赛事的重视和积极宣传的最终目标是发展旅游业，借世界杯契机，通过新媒体传播，引起文化好奇心，通过宣传"沙漠玫瑰——卡塔尔博物馆"等标志性建筑名片，达到宣传卡塔尔的目的。此前，卡塔尔旅游局首席运营官邓博涛在接受《环球时报》记者采访时表示，世界杯后，卡塔尔旅游业加紧布局"赛后经济"，将借助"体育+旅游"辐射出更加庞大的产业链。由此也可以看出，借新媒体之势传播文化，不仅要有地利，还要有天时，这些宝贵的契机转瞬即逝，要勇于借"势"，甚至造"势"，进而达成国家或企业的愿景。

在此期间，卡塔尔赛事在国内媒体上也引起了高燃的关注热度，央视体育客户端通过全方位展示赛事，积极开展大屏小屏互动联动，进行实时直播转播。截至2022年12月18日，"黄金赛事""多角度看赛事"账号共直播比赛64场，央视频累计观看量超4亿次，极大地增强和扩大了这场国际体育赛事的影响力。央视网也对此事进行了评述："从央视体育在整个世界杯期间的表现来看，体现了新时代主流体育媒体以全媒体的姿态为主流价值生成与传播、主流舆论塑造与引领产生的重要影响。"另外，卡塔尔小王子在中国的社交平台注册开通了个人账号，并向中国网友表达了问候。24小时之内，该账号粉丝突破千万，卡塔小王子在中国成为新晋网红。他与粉丝的互动，促进了跨国文化传播和情感交流，不仅能提高卡塔尔的知名度，也能再次促进卡塔尔的旅游业发展，使其变得更加受欢迎。

与卡塔尔正面形象传播的积极影响相比，新媒体也会对国家和企业形象造成负面影响。例如，2021年1月，长安福特在微博上发布了一则广告，广告的文案为"2021中国·马年"，长安福特把中国传统的牛年当作马年，引发了网友一边倒式的批评。网友认为，生肖是中华民族的宝贵财产，福特品牌的广告策划与创意，说明福特品牌不够了解和尊重中国人的生肖信仰，这是一场极为失败的营销。2月1日，福特中国官方号就"指牛为马"事件道歉，称"推文创意表述不严谨，言辞欠精准，在传播过程中引起了误解和困扰"。然而，这场"营销"多被指责"投机取巧""低级"。以中国生肖年为文案创意，已经涉及中国传统文化层面，一旦"营销翻车"便很容易刺激到公众的敏感神经。据新浪舆情通大数据平台统计，1月28日，广告文案风波让长安福特深陷非议，当天其品牌美誉度下滑至45.52%。道歉后，此次事件风波逐渐趋于平静，但给企业口碑和品牌形象带来的负面影响或难以消弭。

无独有偶，国内某车企在一次车展过程中，相关服务人员对于不同国家人员的服务存在差异性，此事被围观者拍摄下来并发布至网络，引起轩然大波。该车企立刻作出回应，但公关不够及时和有效，巨额损失及声誉影响已不可避免。

以上实例表明，利用社交媒体进行信息和文化传播时，需要注意信息的动态演变规律、真实性和准确性，避免误导公众和破坏国家、企业的形象。同时，需要加强辟谣和信息监管，防止谣言传播和不良信息的扩散。

在全球化背景下，互联网成为信息传递的重要媒介。我国互联网出海为中华文化提供了多角度、宽领域、全方位的传播路径，在保留了中华优秀传统文化的同时，赋予其时代意义，向世界传达中国声音、中国理念，引起世界对人类命运共同体理念的共鸣，进一步促进人类命运共同体的发展。

在日益全球化的市场中，文化差异对计算机系统使用的影响是一个非常有趣的问题。文化特征非常重要，因为用户的文化概况决定其对系统特征的看法。因此，适合一种文化的系统特征可能不适用于其他文化。然而，尽管文化因素的重要性是显而易见的，但是在人机交互中，关于跨文化问题的研究却很少。

大多数研究发现，不同文化背景的使用者对人机交互系统的信念和认知不尽相同。东亚人对于丰富的用户界面设计的体验比简约的用户界面设计的体验要好，更能注意到标识[74]；在研究文化与大学网站的差异时，不确定性规避程度较高的国家的网站界面拥有更多的学生图片和图画。在网站的设计中可见文化属性，如对比韩国和英国的网站发现，韩国网站上出现捐赠者及捐赠用途的详细信息更为频繁，并且韩国网站上包含更多的多媒体和用户输入功能[75]。研究结果表明，用户界面的本地化对于匹配目标国家的文化特征至关重要；同时，设计标准的统一对于全球化用户界面的设计同样重要[76]。

在考虑用户的满意度体验时，理解用户类型、用户需求和网络特征是基本方法，因为它们提供了有效产品或系统的基本结构。许多社交网络设计的本土化问题比较严重，但是在不同的文化背景下，用户的使用习惯和设计者的设计习惯都存在很大的差异。现有的社交网络的设计差异表现在语境、日期和排序等方面，如许多中国留学生在使用了微信的聊天功能后，很难再适应Facebook自带的信息功能，其原因在于中外用户界面设计差异的不同会让不同国籍使用者有一个习惯适应的过程，这种转变会给用户带来不佳的体验。除此之外，用户体验的评价还受到个体特征差异、文化背景等因素的影响。

当前，社交网络发展迅速，各大社交网络已经意识到跨文化背景的用户对于社交网络的重要性。但目前对这方面的研究并不多，因此，有必要对跨文化背景下的社交网络用户体验的满意度及使用动机进行更深入的研究。

现有研究结果表明，用户个体特征差异和文化背景等因素会影响社交网络的使用。考虑用户特征差异性质的应用是推送系统的界面设计，基于大数据分析，根据不同的用户特征呈现"千人千面"的界面。根据现有的研究内容，对跨文化使用社交网络的用户进行了访谈。

本书通过八爪鱼数据采集器收集了10万条数据，经过筛选分类，将其分为两大类：一类是用户通过网络对自我现实生活中基本能力的需求；另一类是对虚拟社区的网络特征的需求。

通过总结归纳，本书将其分为用户需求和用户对网络特征的需求。用户需求又细分为对语言和技术的能力需求、与国内外好友的联系需求、对前人经验的从众需求；用户对网络特征的需求又细分为与其他网络交互的互补性需求、用户对流行网络/使用人数的数量需求。跨文化用户通过社交网络了解非本地的一些文化和技术资讯，并更好地融入当地生活、接触创新技术，这些都促进了用户对社交网络的使用，也将是未来学者研究及聚焦的地方，用户使用社交网络的满意度影响因素不仅来自用户自己生存需求的满足，还有网络所能提供的基本条件。因此，环境对于用户体验的影响程度及影响机制都需要进行更深入的研究。

第七章 新媒体平台下跨文化背景用户的使用体验研究分析

为了深入了解社交媒体在促进文化交流方面的作用,我们通过深入访谈的形式开展了探索性的调研。在访谈中,我们共采访了13名跨文化使用社交媒体平台的用户(I1~I13),他们的年龄为22—30岁。其中,9名受访者是就读于中国东北某985高校的留学生,2名受访者是就读于自己国家高校的学生(线上调研),另外2名受访者已经毕业并选择留在中国工作。

通过与这些受访者进行交流,我们深入了解了他们在社交媒体平台上的文化交流经验和观点。这些受访者的文化背景呈现多样化,涵盖了不同国家的教育背景,使我们能够从多个角度理解社交媒体对文化交流的影响。图7-1为通过访谈得出的各社交媒体平台使用频率分析图。

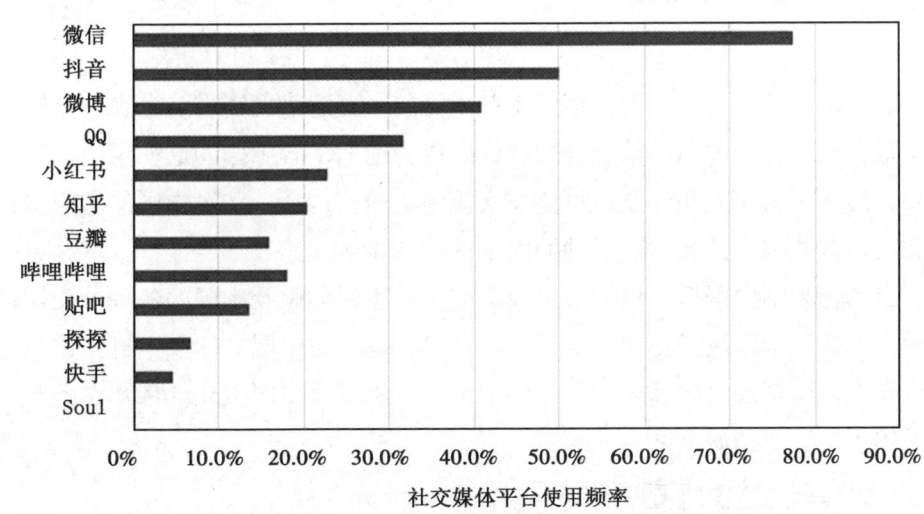

图7-1 各社交媒体平台使用频率分析图

由图7-1可知,具有跨文化背景的留学生,在我国新媒体社交平台的使用分布具有明显特点。国内使用率前三的社交媒体平台（微信、抖音、微博）同样适用于在我国的留学生，这说明在跨文化交流中，不同平台类型的互融也是文化结合的一种展现形式。另外，微信的使用相对于其他社交媒体平台具有明显的不可替代性，这是因为微信作为一种扎根于本土的即时通信服务应用程序，很好地满足了跨文化人群迅速与周边人群建立关系的基本需求。而在文化了解过程中，图片、音视频等多模态的呈现方式及社群的互动探讨能更好地放大文化的特点。在这些方面，抖音和微博相对于其他社交媒体平台更具有代表性。除此之外，知乎、豆瓣、哔哩哔哩等社交媒体平台对使用人群有了进一步的细分。比如，喜好弹幕文化并通过实时评论系统表达情感、分享观点的人群更倾向于用哔哩哔哩来了解当地文化，这也使得同样的多呈现方式的社交媒体平台没有哔哩哔哩的使用人群基数庞大，这一特点在国内也具有普适性。贴吧、快手等社交媒体平台过于本土化，如贴吧中的许多网络俚语会让大部分跨文化背景的使用人群感到费解，从而加深了文化交流的难度；快手带有强烈的地域特色，这也变相地"劝退"了大部分跨文化背景人群。由此可见，社交媒体平台为跨文化交流打开了一个独特崭新的视角。

一、文本特征分析

通过深度访谈可以发现，留学生赴华之前，普遍借助图书、电视、电影等传统媒介获取有关中国的信息，这些媒介成为他们了解中国的最初渠道。除此之外，留学生的家人和朋友也可能在交流中给他们传达一些对中国的主观看法与态度，这些因素共同塑造了他们对中国的初步认知。

当真正来到中国后，他们通过线下的学习生活体验及中国的各种社交媒体平台，开始对中国进行更深入的了解。此时，他们对中国的印象不再停留在初步认知上，而是逐渐多样化并且不断细化，对中国及中国文化的认知在此基础上得到了丰富与拓展。

1. 来华留学生对中国的印象

为了深入分析并比较留学生来华前后对中国及中国文化的印象，本书借助第三方文本分析工具——微词云，提取了相关回答中的高频词，并生成了词云图。此外，还进行了文本数据的情感分析，从而得出直观且具有吸引力的分析结果。这些分析结果不仅展示了留学生来华前后对中国及中国文化的认知变化，也提供了对这一话题更为深入的理解和思考。

从图7-2和图7-3中可以看出，大多数留学生来中国前对中国的印象是安全、包容、美丽、有趣等积极的方面。这些评价反映了他们对中国社会、文化及自然风光等方面的充分肯定。同时，不少留学生提到了辽阔、丰富、地大物博等客观整体性的描述。此外，也有一些留学生表现出对中国文化的浓厚兴趣，特别是表达了对长城、西游记、武侠、美食等文化符号的喜爱。这些元素不仅代表着中国的历史和文化，也是留学生理解与认识中国的重要途径。这充分说明了中华传统文化的魅力，也体现出电影、电视、图书等传统媒介在跨文化传播过程中的重要影响力。当然，也有少数留学生对中国持有负面的印象，如卫生差、素质低、困难等，结合访谈内容本身，这可能是我国个别地区或在特定情况下存在的问题，也可能是因为他们对我国了解得不够全面而导致的误解。总之，每个人的经历、视角及接触到的信息都不同，所以留学生来华前对中国的初印象也是多种多样的。

 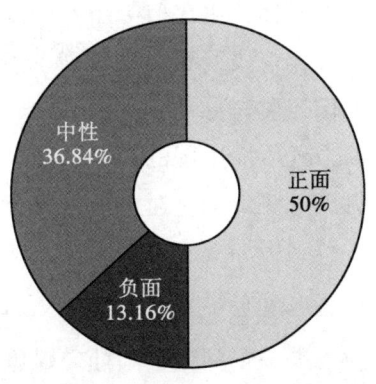

图7-2　留学生对中国印象的　　　图7-3　留学生的中国印象
　　　　词云图（来中国前）　　　　　　情感分析图（来中国前）

从图7-4和图7-5中可以看出，在来到中国之后，留学生的线下体验和在线社交媒体平台的使用，在一定程度上改变了他们对中国的印象，使他们对中国产生了许多更加积极的印象。许多留学生不仅感受到中国人民的友好、热情和亲切，也在各种节日活动中切实体会到好玩、有趣且丰富多彩的中华文化。然而，在感慨中国的快速发展和空气质量的不断变好之余，一些留学生也注意到中国不同地区之间差异较大、发展不平衡的现象；还有一些留学生指出了当前中国的一些在线社交媒体平台的网络环境较差、负面评论较多的问题。总之，随着来华留学生线上线下体验的不断加深，他们逐渐对中国的社会与文化形成了更为全面、深刻且具象化的感知和理解。

图 7-4　留学生对中国印象的词云图（来中国后）　　图 7-5　留学生的中国印象情感分析图（来中国后）

综上所述，来华留学生对中国及中国文化的印象受到诸多因素（包括个人经历、社会背景及媒介传播等）影响。因此，在新媒体高速发展的时代背景下，人们需要充分利用各种媒介手段（如社交媒体、短视频、电视节目等），更加努力地传播中国的历史、文化、美食、人文环境等各个方面的真实面貌，从而打破一些留学生对中国的刻板印象和信息壁垒，通过更多的渠道和方式让他们了解到更加真实、多元且立体的中国，以促进中外文化的交流和互动。

2. 来华留学生的中国社交媒体使用行为

为了进一步探究中国社交媒体平台在留学生跨文化适应中起到的作用，本书使用微词云，对从访谈过程中收集到的与留学生的中国社交媒体使用行为相关的回答文本进行了语义网络分析，最终生成了图 7-6 所示的语义网络图。

由图 7-6 可见，"中国""社交""媒体""平台"四个词之间的联系最紧密、共现频率最高，是整个网络的核心节点。它们与所有其他节点构成的连线代表着留学生对中国社交媒体平台的使用行为和体验，可以总结为以下五个方面。

（1）社交联系。

社交联系是留学生使用中国社交媒体最主要的目的。借助社交媒体，留学生能够与家人和朋友保持联系，分享他们的日常生活；能够与同学或老师进行

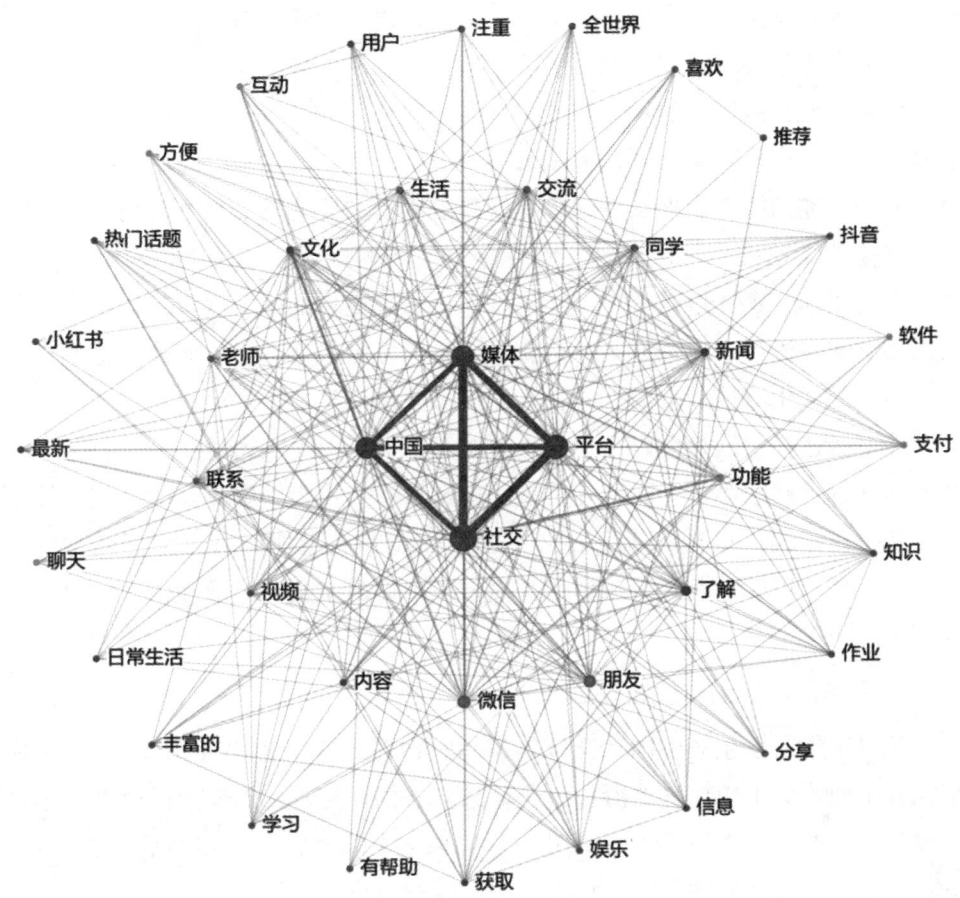

图 7-6　来华留学生的社交媒体使用情况语义网络图

交流，及时查收作业和通知等重要信息；可以结交来自不同文化背景的新朋友，扩大社交圈，增进跨文化的交流学习。

（2）娱乐休闲。

社交媒体为留学生提供了丰富多彩的娱乐功能。通过关注感兴趣的账号，留学生可以轻松获取最新的音乐、电影、电视剧、体育、游戏等内容，随时随地了解自己感兴趣的话题，并参与热门话题的互动讨论；可以发布自己创作的音乐、视频、图片，分享自己的兴趣爱好，在繁忙的学习生活之余，享受轻松愉快的时刻。

（3）生活服务。

许多留学生经常使用社交媒体浏览美食、美妆、穿搭等视频，并根据相关推荐进行打卡、购物。他们也深深体会到，相比于其他国家，中国 App 的功能十分齐全，特别是安全快速的支付功能，让生活变得非常便捷高效。

（4）信息获取。

留学生通常借助各种社交媒体平台检索学习资料，完成课程作业；同时，他们会浏览国内外时事新闻，关注政治、经济、文化等领域的实时动态。通过这种方式，他们能够洞察发展趋势，为自己未来的职业发展做好规划。

（5）文化适应。

在使用社交媒体过程中，留学生可以接触到更多的中文内容，包括本土化的语言习惯和流行的表达方式，这有助于他们提高中文水平。此外，他们还能了解当地的文化习俗和生活方式，从而熟悉并适应当地的生活环境。

综上所述，中国社交媒体平台为来华留学生提供了更加便捷的生活方式，同时丰富了他们的学习体验。尤其是微信和抖音，作为中国流行的社交媒体平台，几乎已经成为每名留学生的必备工具，能够满足他们方方面面的日常需求，帮助他们更好地融入当地生活，大大减少了由于文化差异和语言障碍带来的不便。

3. 来华留学生对中国社交媒体平台的改进建议

针对来华留学生对中国社交媒体平台的改进建议，本书使用 LDA 主题模型挖掘了回答文本中包含的潜在主题信息。根据计算得到的模型困惑度，选择生成五个主题，并在每个主题下进一步提取五个特征词，最终生成 LDA 主题分析结果，包括文档的主题、特征词和对应的权重信息，见表 7-1。

表 7-1 LDA 主题分析结果

主题1		主题2		主题3		主题4		主题5	
特征词	权重	特征词	权重	特征词	权重	特征词	权重	特征词	权重
语言	0.320	隐私	0.410	信息	0.180	文化	0.220	功能	0.350
中文	0.160	安全	0.300	交流	0.130	中国	0.12	广告	0.261
学习	0.105	环境	0.185	机会	0.074	活动	0.093	布局	0.089
视频	0.093	IP	0.077	资源	0.052	历史	0.054	字幕	0.056
看不懂	0.047	言论	0.032	搜索	0.027	全世界	0.029	屏蔽	0.014

通过表 7-1 中提取出的特征词，分析各主题的潜在含义。主题 1 强调了留学生对社交媒体多语言功能的需求，尽管中国社交媒体平台上的大量中文内容为留学生提供了学习中文的良好环境，但是对于部分中文水平有限的留学生来说，他们经常会在使用一些社交媒体平台时遇到语言障碍。例如，在观看视频

时可能会遇到一些难以理解的专业术语或俚语。针对这一问题，建议社交媒体平台可以通过提供多语言选项、机器翻译、用户生成内容翻译、人工客服支持等多种方式，帮助留学生更好地学习和理解中文。主题 2 反映了留学生对社交媒体平台中的个人信息安全和隐私保护问题的关注。虽然微博通过公开 IP 属地功能来规范用户言论、维护网络环境安全，但是这使部分留学生感到被歧视和冒犯。为避免不同地区、不同文化背景用户之间的矛盾和冲突，建议社交媒体平台提供更加灵活且精细化的隐私设置选项。主题 3 体现了留学生希望社交媒体平台能够为他们提供更多学习、生活、就业方面的实用信息和交流机会，从而弥合当前搜索引擎信息在检索效率及精度上的局限性。主题 4 表明了留学生对中国文化和历史类教育资源的需求，社交媒体平台可以通过发起各种文化主题活动、建立专门的文化交流板块来增进全世界文化的交流碰撞。主题 5 反映了留学生对社交媒体平台功能设计的补充性建议，如减少广告、增加字幕功能、优化功能布局、屏蔽过滤无关信息及恶意评论。

综合以上分析，社交媒体平台应该从多语言支持、隐私安全保护、信息支持、文化推广和功能设计五个方面进一步完善提升，打造更加高效实用的跨文化互动工具，从而优化留学生的社交媒体使用体验。

二、访谈内容分析

下面针对此次访谈内容（见附录）进行具体分析。

1. 社交媒体平台塑造不同文化观点

（1）社交媒体平台提供了丰富的信息来源，塑造了不同的观点和文化，有助于跨文化交流。

访谈中提及，社交媒体平台成为个体获取文化和语言信息的重要来源。有四名受访者表达了自己的看法：

> 我还挺喜欢的，我来到这里好多年，好多事都是从上面学的。【I4】
> 它们很有趣也很有用，可以看到不同的中国文化，有助于学习交流。【I6】
> 中国社交媒体平台对我更好地适应中国的文化非常有帮助，也给我创造了一种中国社交环境。【I7】

中国社交媒体平台对我更好地适应中国的文化和社交环境起到了积极的作用。【I10】

这说明通过社交媒体，个体可以接触到不同文化的观点和表达方式，以拓宽自己的视野。社交媒体的多样性和广泛性使得个体可以更全面地了解不同文化，并对其产生认知。社交媒体为人们提供了一个全球性的交流平台，使不同文化背景的人能够互相了解和交流。其中，两名受访者在访谈中提到，他们通过社交媒体了解其他国家和地区的文化，包括传统节日、名胜古迹和当地习俗等，比如：

了解到中国的传统节日，如春节和中秋节，以及中国的传统饮食文化，如北京烤鸭和四川火锅。【I10】

我已经吃过好多这里的美食，都是从网上看到的。【I4】

这种跨文化交流有助于拓宽视野，促进文化的多元交流与理解。社交媒体在促进跨文化理解方面发挥了积极的作用。通过社交媒体平台，人们可以分享自己的文化经验和观点，从而增进对其他文化的了解与尊重。受访者认为，文化交流不仅有助于促进其他国家的人对中国文化的了解，还有助于促进国际文化的互动与交流。他们普遍认为，文化交流应该是双向的，既要了解自己的文化，也要主动了解其他文化，以推动文化的融合与共生。

（2）不同的社交媒体针对不同的文化群体在文化交流互鉴方面起着不同的作用。

不同的社交媒体平台有不同的用户群体和定位，因此，它们传递的信息和观点也存在差异。一些社交媒体平台可能更加注重娱乐和消遣，而另一些可能更加关注时事和社会问题。有两名受访者分别表达了对社交媒体平台的看法，其中一名表述道：

特别喜欢豆瓣，喜欢看欧美电影，评分比较靠谱。【I2】

另一名表述道：

很喜欢抖音，它会推荐我喜欢和感兴趣的内容，让我的生活变得很丰富。【I9】

这些不同的定位和内容导向使得社交媒体平台塑造了不同的观点和文化氛围。此外，社交媒体平台上的用户也在一定程度上参与到观点和文化的塑造中，用户的行为、互动和创作内容影响着社交媒体平台上呈现的观点和文化。用户在社交媒体上分享自己的观点、经验和价值观，与其他用户进行互动和讨论，从而形成共同的文化特征及观点。社交媒体平台通过用户生成的内容和社交互动的形式，进一步塑造了特定的观点和文化。以下是一些其他受访者表达的看法，可供参考：

看新闻，是重要的信息来源。【I1】
海外社交媒体平台能够在全世界的国家使用，有更多的流量。【I6】
使用Twitter时社交很广泛，可以与全世界的人交流，而使用中国社交媒体只是和朋友、老师联系。【I7】

（3）社交媒体平台的人机交互设计会产生隐性信息茧房。

社交媒体会带来对文化和语言的显性信息茧房效应。不同的社交媒体平台会从文化导向、用户群体和内容类型等方面着手，通过这些平台的侧重频率、推荐算法和个性化内容展示等功能塑造个体对特定文化和语言的观点与认知，某个社交媒体平台可能更注重某一特定文化背景的内容，从而使用户更多地接触和接收该文化的观点及信息。这种选择性的信息获取进一步加深的是个体的显性信息茧房效应。

图7-7描述的是不同文化背景的人群在线上或线下的多元信息来源路径，并由此提出了隐性信息茧房的形成过程。虚线将图7-7中左右两部分分为本地和非本地，旨在描述不同文化背景的跨文化了解形式；图7-7的上下两部分通过是否采用SNS的方式进行划分，从而对SNS所起到的作用进行了对比。

当一名非本地的学习者想要学习非本地的文化时，通常要经历以下过程。最初，他会根据所处环境的口碑（word of mouth，WOM）进行了解，这就是传统的信息收集，从而形成对该地区的初步概念。在此基础上，为了丰富自己的了解程度，他会聚焦于本地的SNS平台，通过扩大信息面来对文化盲点进行补充。然而，这种方式的局限性十分明显，每个被了解的个体或主动了解信息的个体对于信息了解通常并不全面，其所接收的信息通常受到隐性信息茧房的影响，由这种自身认知偏差进一步造成信息选择偏差，最终导致交互过程中产生信息传输的不对称，使得文化了解出现主观片面性。一部分人对于非本地的

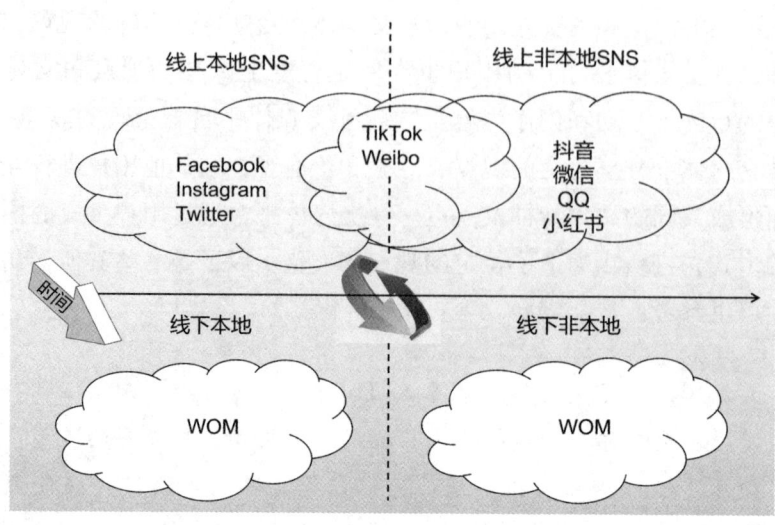

图 7-7　隐性信息茧房的形成过程示意图

文化了解可能止步于此，还有一部分人会通过其他方式继续进行深度探索，这就涉及非本地 SNS 的使用。通常情况下，非本地 SNS 包括两类：一类是以满足多文化交流为目的的国际化 SNS，如 TikTok 及微博国际版；另一类是所属文化区域的本地 SNS。两者最大的区别是，前者为了迎合不同文化背景个体的使用需求，以不同文化的共性作为设计的原型，考虑到使用者文化背景造成的不通用性，而后者对于了解文化的个体是全新的文化了解途径。对于一个不同文化背景的个体而言，通过非本地 SNS 了解信息的难度通常是较大的，其间会受到语言、习惯、风俗等直观影响，这些影响会将个体带入信息了解的非舒适区，而为了达到自我舒适区，个体会潜意识地选择自己乐意接受的信息内容，这就变相加大了隐性信息茧房的效应。若要更进一步了解该地区的文化内容，就需要个体来到当地，亲自感受文化差异，这就涉及线下非本地 WOM 的范畴。同样地，个体会向自我认同的群体靠近，听取令自我舒适的表述，进入文化的隐性信息茧房之中。最终，随着时间的推移，个体将逐渐形成对该地区的文化认知。

　　本书提到了一个重要的概念，即隐性信息茧房。隐性信息茧房是由个体自身认知所主动产生的信息筛选偏见，而非外界所带来的信息认知偏差。这种信息茧房是由个体自身的偏好、兴趣和观点所形成的，使其更倾向于接触和接受符合自己认知框架的信息，而忽视或排斥与之不符的内容。隐性信息茧房和显性信息茧房的形成过程如图 7-8 所示。

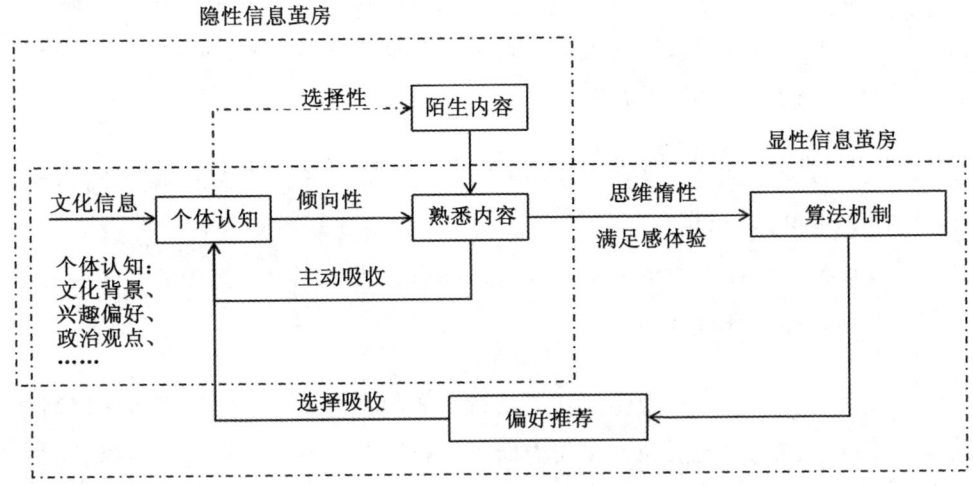

图 7-8　隐性和显性信息茧房的形成过程示意图

在社交媒体背景下，个体可以通过选择特定的社交媒体平台、关注特定的账号和群体，以及使用个性化推荐等方式，主动筛选和过滤信息。例如，有两名受访者提及：

> 抖音：刷视频，看国际新闻、喜欢的明星视频（赵丽颖的电影、电视剧），学习中国文化知识。【I1】

> 特别喜欢小红书和抖音，小红书用来看穿搭、美妆，可以学到很多。【I5】

这样的行为可能导致个体陷入隐性信息茧房中，只接触到与自己立场相符的信息，并形成认知的偏见。这种隐性信息茧房对个体的认知和理解带来了一定的局限性。个体在隐性信息茧房中往往难以接触到不同观点、多样性的文化和不同的语言表达方式。这可能导致个体对外界的多样性缺乏了解和理解，增加了误解与偏见的可能性。

由此可以延展出语言和文化所形成的隐性信息茧房效应。在一个新的文化环境中，个体更倾向于使用自己熟悉的语言进行交流。这是因为，使用自己熟悉的语言可以提供一种舒适和熟悉的交流方式，减少了语言障碍及理解困难。这种偏好可能导致隐性信息茧房的形成，即个体喜欢与拥有相同语言背景的人交往，以避免被他人歧视或理解困难。

亲近式文化交流有助于打破隐性信息茧房效应。在跨文化交流中，个体更倾向于在融入新文化过程中与当地人使用当地语言进行亲近式交流。这种亲近式交流又对打破隐性信息茧房效应,增加对其他文化的理解和接受有着积极意义。正如以下两名受访者所提及:

> 可以学习汉语,还能了解一些这里的文化和生活,而且不需要通过上课专门学习。【I3】

> 学到了很多来中国之前不知道的知识,写作业的时候会用到这些新学的知识,感觉很有帮助。【I1】

由此可见,当个体努力融入新文化时,他们会更加积极地学习和使用当地语言,主动参与当地的活动,并与当地人建立联系。另外,受访者还提及:

> 以前不了解,来中国后觉得中国人,特别是东北人,非常热情、友好。【I5】

> 接触中国人之后,感觉他们很好,心地善良,这些是在网上看不到的。【I6】

这也体现出这种交流方式有助于拓宽个体的视野,打破对自身文化的局限性,从而减少隐性信息茧房效应。

相比之下,单向的注入式交流对于打破隐性信息茧房效应的能力有限。其中一名受访者说道:

> 老师会传递很多正能量的东西,但是自己不喜欢这种注入式的方法,喜欢亲身感受。【I3】

注入式是指在自身文化背景主导的前提下对其他文化不加甄别地解释和理解。在这种情况下,个体将其他文化的理解和解释框架应用到自身的观点和行为中,从而导致信息茧房的加深和文化偏见的形成。注入式交流可能由于缺乏对其他文化的真正理解和接触,从而导致误解、刻板印象和偏见的产生。

了解和认识自身文化背景对隐性信息茧房的影响,有助于人们意识到个体在接触信息和参与文化交流时的偏好和倾向。这样的认识可以促使人们更开放地接触不同文化,通过积极的跨文化交流,打破信息茧房,增进理解和包容。此外,设计社交媒体平台时可以考虑如何提供更广泛、多元化和平衡的文化内容,以减少两种信息茧房效应。

(4) 社交媒体平台会放大不同文化对于同一事件的报道,使其存在差异性和偏见。

通过访谈分析可以发现,由于受到不同文化的背景、价值观和利益关系等因素的影响,新媒体平台对于同一事件的报道往往存在差异性。正如以下两名受访者所述:

> 认为中国的新闻媒体报道的朝鲜新闻,与朝鲜当地的新闻媒体报道的内容经常会出现很大的不同。【I1】
> 感觉线上的宣传过分强调积极的内容,没有线下了解得真实。【I2】

社交媒体平台上的不同用户会以自己所处的文化视角解读与表达事件,这造成了信息的多样性和丰富性。这种多样性和丰富性在一定程度上扩充了信息的来源和内容,为个体提供了更多的观点和选择,个体可以通过接触不同文化观点,了解不同文化的立场和观念,从而拓宽自己的视野和认识。但这会带来个体对文化的偏见与误解,所以要求在使用新媒体平台过程中,个体在接触不同文化观点的同时,需要具备辨别和分析的能力,以区分真实的信息和虚假的信息,理解不同观点背后的文化因素和利益关系。另外,个体还需要具备跨文化的理解和沟通能力,以更好地解读和理解不同文化的观点和表达方式。这包括对语言和符号的解码,对文化背景与历史背景的了解,以及尊重和包容不同文化的观点及差异。

面对社交媒体上不同文化观点的多样性,个体需要保持开放的心态,主动获取多样的信息,并具备批判性思维和跨文化理解能力,以更全面地理解事件背后的多重视角和文化因素。

(5) 社交媒体平台隐私问题日益显现,隐私保护边界有待进一步探讨。

随着隐私保护意识的提高,越来越多的人开始注重个人信息安全和隐私保护,而社交媒体平台放大了用户对隐私泄露的担忧。比如,有两名受访者提及:

> 不喜欢社交媒体显示IP这一功能。【I2】
> 感觉微信、微博会泄露自己的信息,不想显示IP。【I3】

这从侧面说明一些社交媒体平台在隐私政策和用户协议方面存在术语晦涩、授权不透明的问题，给用户了解个人信息的使用情况带来了困难。而且社交媒体平台能够借助积累的海量数据和数据分析算法，深入挖掘用户的个人偏好和行为习惯，虽然这些数据对于提供个性化服务具有积极的作用，但存在被共享或出售给第三方的风险。特别是对于微博等公共社交媒体平台而言，用户发布的内容通常是公开可见的，可以被任何人浏览、转发和评论，这在一定程度上增加了隐私外泄的风险。

为了应对这些问题，社交媒体平台开始推出各种形式的隐私设置，如限制个人资料的可见性、选择分享的内容及设置对特定人群可见等。这些隐私设置的出现为用户提供了一定的安全感和掌控感，但它们无法完全消除隐私泄露的风险。数字化信息的流动性和可复制性使人们很难掌握个人信息的去向和使用情况。因此，在使用社交媒体平台时，用户应该谨慎选择发布的内容，避免披露敏感信息，并定期检查和更新隐私设置。除了用户的自我保护意识，社交媒体平台也应该承担起相应责任，提供透明的隐私政策和用户协议，明确告知用户个人信息的使用情况及数据处理方式，使用户能够更好地了解和掌控自己的个人信息。隐私保护是社交媒体发展的必然趋势，用户对个人信息安全和隐私保护的关注将继续推动社交媒体平台提供更好的隐私保护机制。

（6）众声喧嚣的新媒体平台，催生"数字极简"新潮流。

在访谈过程中，部分受访者表达了在浮躁社会氛围下对简单化生活的需求：

> 我很喜欢社交媒体平台，因为它们十分有趣也很有用，可以了解不同的中国文化，有助于学习交流。但是这些软件提供的信息量很大，而且充满了娱乐性，有些浪费时间。【I6】
>
> 我不喜欢使用社交媒体软件，我是个很无聊的人，更愿意花时间去工作或者陪伴家人朋友。【I8】
>
> 听说过其他软件（如微博、抖音等），但不喜欢使用社交媒体。【I13】

以上三名受访者表达了自己的看法。由此可见，在数字时代，社交媒体逐渐渗透到人们的日常生活中，满足了大众的交流和娱乐需求。然而，并非所有人都将其视为生活的必需品，有些人更加倾向于以面对面的方式与朋友交流，享受真实的情感互动。他们认为，虽然社交媒体的互联性打破了时间和空间的界限，可这种连接消除了"远"，却也摧毁了"近"，它将具体而饱满的人抽象为透明而单薄的数据节点，建构出一个虚幻的数字化世界。这里弱化了传统的线下情感，取而代之的是朋友圈的消息提示、博人眼球的热搜推送、五花八门的短视频等碎片化信息。正如Telegram创始人帕维尔·杜罗夫所说："来自社交媒体的海量垃圾信息正侵蚀着我们的幸福和创造力。断开连接，远离其束缚，或许是最佳的选择。"

在喧嚣繁杂的新媒体时代，数字极简主义应运而生。这一理念由美国作家卡尔·纽波特于2019年提出，他发起了一项为期30天的数字断舍离计划，希望读者暂时远离社交媒体、电子邮件和其他数字工具，将注意力聚焦在现实生活中的重要事物上，引导人们在嘈杂的世界中选择专注的生活。之后，越来越多的年轻人开始逃离网络，选择屏蔽朋友圈、戒断短视频、卸载社交软件，甚至注销各种软件账户，掀起了数字极简主义的实践热潮。当然，数字极简并非完全摒弃数字技术，而是鼓励人们在使用技术工具的同时，保持理性及自主性，不被数字世界所迷惑和掌控，拥抱真正有价值、有意义的生活。人们要相信，广场式的在线社交方式远远不及与家人朋友共同度过一个美好的周末更加治愈。在元宇宙社交来势汹汹的当下，人们需要重新审视自己与社交媒体的关系，回归真实而有温度的互动，守护可以感受到彼此存在的亲密关系。

（7）网暴现象屡见不鲜，制止行动势在必行。

网络暴力问题在当今社会中确实存在，并且给人们的网络体验和心理健康带来了负面影响。

> 觉得网络环境很差，很多攻击的言论，自己经常看到但不会在下面评论发言。【I3】
>
> 网络环境很差，负面言论很多。【I3】
>
> 社交媒体能看到更多、更复杂的事情，也能看到很多事情的两面性，还能看到一些网民的真实状况。【I12】

这三名受访者均表达了用户在面对攻击性言论时，往往感到无力和不知所措，甚至选择保持沉默，以避免进一步纷争。这反映了网络暴力对言论自由和个体表达的威胁，也凸显了亟须采取措施来改善网络环境。

制止网络暴力行为需要技术、教育和社会共同努力。技术手段，如机器学习和自然语言处理,可以帮助平台及时过滤恶意言论,但其准确性和误判问题仍需解决。此外,平台应加强审核机制,对用户发布的内容进行审查,防止负面言论的传播。同时,用户教育至关重要,对用户加强网络素养和进行价值观培养,使用户自觉遵守网络行为规范,克制住发表攻击性言论的冲动。

另外,解决网络暴力问题需要更深层次的思考。网络暴力背后往往存在着社会问题和个体心理问题。社会的竞争压力、匿名性带来的心理脱离感、群体性的攻击行为等都是网络暴力的成因之一。因此,应当加强社会共识和法律法规的制定,鼓励公民积极参与建设和维护良好的网络环境。此外,也应加强心理健康教育,为受到网络暴力伤害的个体提供心理咨询和帮助。

2. 线下渠道是了解多元文化的途径之一

通过访谈内容可知,线下渠道也是个体了解文化的重要途径之一。比如,其中一名受访者提及:

> 老师会教书法,将中国传统文化故事翻译成其他语言讲授,并布置相关的作业。【I1】

> 舍友曾经一起体验做粽子,因为大家都比较感兴趣。【I1】

从中可以看出,教书法、包粽子等活动,可以让个体亲身体验与感受文化的传统和历史,加深对文化的认知和理解,线下渠道能够提供更直接的身临其境的体验,弥补了社交媒体在感官体验方面的不足。当个体通过线下渠道参与传统节日活动时,他们获得的是一种身临其境的感官体验,这种体验能够深化其对文化的认知和理解。与社交媒体等在线平台相比,线下渠道提供了更加直接和全面的体验,不仅涉及视觉和听觉感受,还包括触觉、嗅觉和味觉等多重感官的感受。这种体验不仅带来了视觉上的色彩和表演的艺术,还让个体感受到人们之间的互动和社会联系,体验到传统文化在社区生活中的融入及价值,有助于文化的交融与发展。

线下渠道不仅提供了感官体验,还促进了人际交往和跨文化交流。例如,有一名受访者提到:

> 线下则是生活化,更具体。【I5】

这说明个体有机会与当地居民、文化从业者及其他对文化感兴趣的人进行面对面的交流和互动。这种实际的社交互动能够促进不同文化之间的理解和友谊，拓宽个体的视野和思维。

另外，在个体对文化的认知和理解中，线下渠道也扮演着重要的角色。比如，在访谈过程中，其中一名受访者表达了对线下交流的看法：

> 线下途径使我更加容易了解文化，更加形象生动。【I7】

另一名受访者说道：

> 我能够接触到普通人的生活和观点，了解他们对中国文化的理解和体验。【I10】

这说明线下交流提供了更加直接和身临其境的体验，通过多重感官的参与及社交互动，个体能够更深入地感知和感受文化的传统、历史与独特魅力。这种亲身体验不仅丰富了个体的知识和经验，也为文化的传承和发展注入了新的活力。

三、思考：新媒体平台如何恰当地承载新时代技术引领的多元互动方式

以上访谈内容强调了新媒体平台的优势和特点，同时提到了新媒体平台所面临的一些挑战和问题，如网络环境安全和隐私问题。这些问题需要得到有效的解决，而加强网络建设是解决这些问题的重要途径之一。

加强网络建设意味着需要从多个方面入手，包括建设更加安全的网络环境、提高用户隐私保护水平、更新相关的法律法规等。随着新技术的不断涌现，人们可以运用更多的手段来加强网络建设，如人工智能、区块链等。这些技术可以协助人们更好地监督和惩戒不法行为，保护网络环境的安全和稳定。

下面从现有网络安全建设过程中出现的阻碍出发，为寻找具体的解决措施提供思路方法。

近期的热点新闻，校园碾压案受害者母亲因网暴坠亡、寻亲男孩被网暴自杀、高三女生澎湃演讲被网暴恶评，诸如此类的新闻层出不穷，网络暴力犹如一把带血的匕首明晃晃地在世人面前游离。网络暴力本质上是关乎人与人之间

的事件，要减少甚至杜绝网络暴力，归根结底，还是要通过提升人们的道德水平、增强法律意识、恪守言论边界来实现。但仅靠自觉性是远远不够的，我们无法保证每个人时刻都是善意的表现，这就需要有强制性的措施作为网络暴力发生前的保障。

就目前而言，受限于技术，想要杜绝网络暴力，仍然存在较大的技术瓶颈，如实时精准的监管技术。不过令人振奋的是，未来的新时代技术将赋予新媒体平台更强大的智能化能力。传统新媒体平台在内容生成和推荐方面主要依赖人工编辑和算法规则，而人工智能技术的引入使得内容生成更加自动化、个性化和精准化，人们对于客观事实的了解将会因此更加全面。另外，AI检测技术的增强，也将更加严苛地规范公民的一言一行，对于恶意评论、破坏网络清净的行为给予准确、严厉的打击。与此同时，元宇宙技术的融合，使得新媒体平台能够提供更加沉浸式和多维度的互动体验，帮助建立和谐有序的网络环境。例如，现有的技术已经可以做到通过AI形象在元宇宙中讲述文物的前生和今世，让观众以一种全新的方式接触古代文明的珍宝，并更加深入地了解历史的脉络和文化的传承。在新媒体社交平台应用中，元宇宙可以将用户的体验从二维世界扩展到虚拟和增强现实的空间，使用户可以通过个人化的虚拟角色与其他用户进行互动，分享内容和体验，丰富用户参与和交互的方式。这种跨越时空和空间的方式，让未来的交互模式变得更为直观，人与人彼此间的交流变得更加真诚，网络环境也会由此朝着真善美的方向发展。

解决隐私保护问题的根本是解决信任问题，区块链技术在此方面有着无与伦比的潜力。区块链的运用为新媒体平台带来了更高的可信度和去中心化特性。新媒体平台存在内容信息可被篡改、版权难以保护等问题，而区块链的去中心化和不可篡改性可以确保内容的透明性和真实性，为创作者提供更可靠的数据安全和版权保护机制。同时，区块链技术可以实现去中心化的内容分发和创新的奖励机制，为创作者及用户提供更公平、可追溯的奖励和价值交换。

线上线下两种接触模式各有优势，也存在自身的局限性。与此同时，新时代技术在不断推陈出新，互相融合二者的优势。在未来，人类思想的发展将促进技术的进步，从而反作用于人类，促进人类认知的变化。相信，随着技术爆炸式的发展，有朝一日，那些在新媒体时代存在的各类"病灶"都将得以有效的解决，线上线下社交的优势也将得以整合，世界将变得更加和谐美好。

除了技术角度的论断，对于网络文明建设的阐述也应当从更高的维度去探讨。

　　加强网络文明建设，是人类科技高速发展背景下文明和相关法规与时俱进的必然及迫切要求。新媒体相关技术已全面渗透到社会经济和民众生活的各个角落，承载着思想传播、经济发展、社会治理、文化传播和国际交流合作的重要任务。有力的网络文明建设，能够确保疾驰的社会主义精神文明"高铁"不偏离"轨道"，引领正确价值观，强化社会正能量，对于社会主义精神文明建设有着至关重要的作用。

　　以人民为中心，通过建设清朗、积极健康的网络空间为中国网民提供美好虚拟数字精神家园。科技改变了人们的生活，带来了各种美好和便利；但不可否认的是，目前，网络空间中仍存在较多乱象，甚至存在违法犯罪行为。面对新媒体领域技术的不断突破和发展，我们必须密切跟进这些变化，积极思考和查找这些技术相关的道德启示、含义和潜在漏洞，依法打击各种违背人民福祉的网络犯罪，切实保障人民的合法权益，为美好的虚拟数字精神家园打造清朗天空。

　　加强网络文明建设对于实现中国梦具有战略意义。社交媒体上流动的不仅是字节和信息，也是人心和凝聚力。

　　随着中国网民规模突破 10 亿，我们已构建起全球最大的数字社会。网络空间不仅是我们交流沟通的场所，更是亿万民众共同的精神家园。然而，网络乱象依然存在，这直接侵犯了人民群众的合法权益。因此，应始终坚持以人民为中心的原则，坚决打击网络违法犯罪行为，积极培育健康向上的网络文化，从而滋养网络空间、净化网络生态，为营造清朗的网络空间提供坚实的支撑。

　　加强网络文明建设不仅是推动网络强国战略实施、全面建设社会主义现代化国家的核心任务，也是实现中国梦的重要保障。中国梦的实现需要物质文明与精神文明齐头并进，而网络文明建设是其中不可或缺的一环。我们必须从宏观角度出发，深入挖掘网络文明的潜力，使其在引领社会思潮、凝聚民心、培育新时代的公民、繁荣文化及展示国家形象等方面发挥积极作用。我们要在网络空间高扬主旋律，传播积极向上的能量，弘扬真善美的价值观，努力构建网上网下的共同精神家园，为全面推进社会主义现代化国家建设贡献力量。

　　无论如何，网络文明建设势在必行，行之必成。

第八章　没有硝烟的战争——
阵地就是新媒体平台

一、没有硝烟的战争中，新媒体带来话语权

1. 新媒体带来话语权

在数字时代，新媒体已经彻底改变了信息传递和舆论形成的方式，成为一种强大的传播工具。掌握新媒体话语权并运用舆论造势，已经成为实现个人、组织，甚至国家目标的关键。然而，要在新媒体领域取得成功，需要更进一步地思考：作为个体和组织乃至国家，如何利用新媒体平台创造出"1+1>2"的价值。

新媒体平台为个人和组织提供了发表意见与观点的机会，任何人都可以成为信息的发起者和传播者。这使得新媒体成为一个自由和开放的平台，为各种声音提供了表达的渠道。同时，新媒体通过互联网的全球性和即时性特点，可以快速传播信息，跨越地域与时空的限制，这种高效的信息传播能力使得信息可以迅速传递并影响人们的思想和行为。

相对于传统媒体的喧嚣与限制，新媒体如同悄无声息的坚船利炮，它不鸣则已，一旦鸣响，便能惊动世界。新媒体平台的崛起使信息传递的速度和范围大幅提升，它们成为各国展示自身形象、推广自己价值观的重要阵地。政府、企业和个人纷纷进军新媒体，通过发布声音、传播信息扩大自身的影响力。在这个竞技场上，各国之间的竞争日趋激烈，争夺话语权成为各国追逐的目标，新媒体在争夺话语权方面具有诸多优势。新媒体本身的特点使其更具吸引力。其开放性、互动性和即时性赋予人们广泛参与和表达的自由，促进了多元化的声音和观点的出现。另外，新媒体的存在依赖于互联网的支持，而互联网的普

及使得信息传播无国界，国与国之间的竞争在全球范围内展开。

在互联网时代，各国在新媒体平台上的竞争呈现出多个方面的特点。大国之间的竞争更加激烈。由于大国拥有庞大的人口基数和经济实力，它们在新媒体领域拥有更大的影响力和话语权。这些国家通过建设自己的新媒体平台、培育网络红人和意见领袖，以及通过技术创新来提升竞争力，力图在全球范围内塑造自己的形象、宣传自己的价值观。例如，中国、印度、韩国等国家在新媒体发展方面取得了显著的成就。中国政府也加大了对新媒体的监管力度，通过审查和引导来维护国家的形象及利益。韩国的娱乐产业和印度的电影产业等也在新媒体平台上获得了广泛的关注，将本土文化成功地输出到全球。

另外，新兴经济体的崛起也给新媒体竞争带来了新的变化。随着互联网的普及和技术发展，一些新兴经济体在新媒体领域迅速崛起。它们利用新媒体平台打破传统媒体的垄断，通过创新的方式吸引全球用户的注意力。国家意识到新媒体的重要性，积极投资于网络基础设施建设，培养本土的互联网企业，并通过精准的营销策略将自身的文化、旅游资源等推向世界舞台。例如，中国的互联网巨头阿里巴巴、腾讯和字节跳动，美国的 Facebook 和 YouTube 均在全球范围内拥有庞大的用户群体和影响力，它们通过自身的平台和应用程序传播本国文化和价值观，这种崛起不仅改变了国际舆论格局，也为新媒体竞争带来了新的挑战。

2. 舆论造势带来影响力

新媒体的兴起使得传统媒体的格局被打破，各国不再局限于传统媒体的管控和限制，而是通过新媒体平台进行舆论造势。在短期内获得大量关注，从而更好地达到自我内容输出的目的。

在新媒体时代的战场上，各国开始配备精良的武器装备，舆论造势毫无疑问成为最有效的一种武器，为各方势力争夺话语权提供了巨大的优势。舆论造势是一种通过精心策划和运作，借助新媒体平台传播信息、引导舆论的手段。它具有强大的影响力和广泛的传播能力，能够迅速塑造公众意见和改变社会氛围。舆论造势可以迅速吸引公众的关注和参与。例如，借助热门话题和有争议性的事件，舆论造势可以制造讨论热点，引发大众的兴趣和参与度。同时，新媒体平台的互动性使得舆论造势可以与用户进行直接互动和反馈，从而更好地传递信息和引导舆论。

舆论的特点优势显而易见，但利用舆论实现目标的过程不可随心所欲，应慎重考虑规划。

第一，舆论造势需要注重策划和运作的深度。它不仅仅是简单地发布信息，而是通过精心的策略和计划，让信息与目标受众产生共鸣。先了解目标受众的需求和心理，再通过深入分析和调研，制定合适的传播策略和手段。例如，通过运用情感因素、故事叙述和图文并茂的方式，在新媒体平台上产生强烈的情感共鸣和情感共振，从而更好地引导舆论的走向。

第二，舆论造势依赖于用户参与和传播的力量。新媒体平台的用户参与度和传播效应是舆论造势的重要支撑。舆论造势需要积极引导用户参与和传播信息，通过引发用户的兴趣和参与，形成信息的传播热潮。例如，通过设计有趣、互动的活动和挑战，舆论造势可以激发用户的参与及传播潜力。舆论造势可以利用用户生成的内容、评论和分享，扩大信息的影响范围和传播速度。同时，舆论造势可以通过与用户的互动和回应，建立良好的用户关系及信任，从而增强信息的可信度和影响力。

第三，舆论造势需要谨慎应对其带来的挑战和责任。新媒体平台的开放性和互动性也为虚假信息、谣言及恶意操作提供了滋生的土壤。舆论造势需要具备严谨的事实核实能力和道德责任感，确保所传播的信息真实、客观、有益于社会。同时，对于信息的引导和影响，舆论造势也应该保持公正、平衡的态度，尊重多样性的观点和声音，避免片面和偏颇。

除了需要关注以上三个方面，舆论的发酵作用需要更多维度的支撑。

① 建立良好的用户关系至关重要。新媒体平台的核心在于用户，各国应该致力于建立与用户的积极互动和沟通。通过提供有价值的内容和服务，以及回应用户关切和反馈，可以赢得用户的信任和支持。同时，加强网络安全和个人信息保护措施是建立良好用户关系的重要方面，用户需要在一种安全可靠的环境中参与及表达。

② 动员多元主体力量是关键策略之一。各国应该鼓励并支持多样化的声音和观点在新媒体平台上表达。这意味着要推动社会各界的参与和贡献，包括政府、企业、非营利组织、学术界、公民社会等。通过建立合作伙伴关系，共同打造丰富多样的内容和互动活动，可以增加新媒体的吸引力和影响力。此外，培养和支持网络红人、意见领袖及公众人物也是提升话语权的重要途径，他们可以成为信息传播的引领者和意见的引导者。

③ 善用网络时代的叙事话语。新媒体平台为各国提供了一个独特的叙事空间，通过巧妙地运用各种形式的内容和表达方式，可以有效地传达国家形象、文化价值观和政策主张。这涉及在新媒体上进行创意和创新，采用引人注

目的故事、图片、视频、互动体验等方式，吸引用户的注意力并提高用户的参与度。同时，要注重传播的策略和方式，包括定位目标受众、选择合适的平台和渠道、运用情感和情节等元素，以打动用户的心弦并产生共鸣。

二、紧抓新媒体时代交流互鉴机遇，展现民族文化自信

"国家之魂，文以化之，文以铸之。"习近平总书记曾多次强调文化自信的重要性，并在党的二十大报告中针对"推进文化自信自强"作出重要指示。同时，在当前全球化和数字化的时代背景下，民族文化自信正面临着新的机遇与挑战。一方面，短视频、网络直播、VR全景直播等新媒体样态使文化传播的速度更快，传播渠道和内容更加丰富，为跨文化交流注入了新活力。另一方面，社交媒体网络中信息的过载、失真、误读、滥用等问题，也放大了负面甚至冲突的声音，在一定程度上加剧了文化认同危机。站在新的历史方位，如何在世界文化激荡中站稳脚跟，朝着社会主义文化强国坚定迈进，已然成为新时代的重大课题。

1. 续中华文脉　铸就文化自信底气

知所从来，方明所往。泱泱五千年华夏文明史，孕育了璀璨夺目的中华文化。从诸子百家到唐诗宋词，从中医茶道到四大发明，共同汇聚成文化自信的"源"与"本"。20世纪90年代末，在全球化浪潮之下，费孝通先生呼吁公众要形成"文化自觉"。他认为，"生活在一定文化中的人对其文化要有'自知之明'，明白它的来历、形成过程、所具有的特色和它的发展的趋向"。这提醒人们，不论身处何时何地，都不能抛弃传统，要努力守住文化的根脉。

近年来，越来越多的文艺作品从中华文化资源宝库中寻找源头活水，并在社交媒体平台上广泛传播。《国家宝藏》《典籍里的中国》等一系列根植于传统文化之上的现象级精品节目，以沉浸的方式带领人们穿越历史烟云，探寻国宝文物的前世今生，聆听古圣先贤的谆谆教诲；众多制作精良的主旋律影视作品，如《觉醒年代》《长津湖》等，借由新颖的叙事技巧和极高的艺术表现手法，讲述了激昂奋进的真实历史故事，打破观众年龄的圈层，激发出更加广泛的文化认同和爱国主义热潮；以《中国奇谭》为代表的国风动漫，更是将东方哲思、艺术美学与时代精神相融合，不仅拓展了国漫的表达边界，也向世界

展现了中华文化的丰富内涵。作为中华优秀传统文化的传承者，我们理应扎根丰沃的文化土壤，不断增强文化自觉，深化文化认同感、使命感，借由新媒体的广阔平台，弘扬历久弥新、富有永恒魅力的民族文化。

2. 秉持开放包容　彰显文化自信态度

借由新媒体平台传承中华优秀传统文化，是我们的责任和使命，但这并不意味着我们要孤芳自赏、故步自封。恰恰相反，不同文化的交融共存才是世界文明发展的大势所趋。正如习近平总书记所说："我们应该以海纳百川的宽广胸怀打破文化交往的壁垒，以兼收并蓄的态度汲取其他文明的养分。"[6]

纵观历史，无论是由古印度传入的佛教与儒家、道家思想合流，还是明清之际伊斯兰教和儒学在西域地区的交融对话，或是近代西方民主科学思想催生的新文化运动，以及马克思主义思想在中国的传播和实践，都彰显出中华文明突出的创新性与包容性。也正是因为中华民族始终秉持着求同存异、平等互鉴的文明观，广泛吸纳、融会各种有益的思想文化资源，才得以创造出生生不息、未曾间断的瑰丽文明。

立足现在，中国更是敞开对外交流的大门，以愈发自信昂扬的姿态拥抱世界。壬寅年初，一场冰雪盛会谱写出文明交流互鉴的新篇章，在二十四节气流转中拉开帷幕，将黄河之水化作冰雪五环，以折柳寄情送别……中国元素贯穿北京 2022 年冬奥会始终，诉说着独特的中国浪漫，尽显大国的非凡气度。历史和现实充分表明，在与域外文化的碰撞交汇过程中，中华文化并不会被解构和同化，而是绽放出更加璀璨的光芒。

"和实生物，同则不继。"不同事物的和谐共生，才能创造出丰富多彩的世界，倘若所有事物都趋同，也就失去了发展进步的可能。这一辩证思想指导我们，在未来与世界文明交汇过程中，既要展示中华文化的独特魅力，也要欣赏其他文化的卓越价值，要在建立共识的基础上，尊重不同文明的差异，传递"各美其美、美美与共"的中国理念，为推动人类文明进步贡献中国力量。

3. 融合数智技术　激发文化自信活力

在传承和传播传统文化的同时，以数字化、智能化技术赋能文化发展，亦是增强文化自信的题中应有之义。"十四五"规划明确提出要促进文化产业"上云用数赋智"，加强文旅融合等重点业态的建设。在"以文塑旅、以旅彰文"战略指导下，我国数字文化建设蹄疾步稳，大数据、人工智能、虚拟现实等智能技术推动了数字文博、数字展览、线上演播、网络直播等新业态的高速发展，海量文化资源不断向线上拓展、向云端延伸，越来越多的文物古迹逐渐

"活"起来、"火"起来。

早在三十年前,敦煌研究院便提出"数字敦煌"理念,开始踏上以数智技术保护石窟文物的探索之路。自2017年起,敦煌研究院与腾讯达成战略合作,联袂推出了敦煌动画剧、《王者荣耀》"遇见飞天"游戏皮肤、"古乐重声"音乐会等一系列数字文博标杆作品,通过动漫、游戏、音乐等创意方式,让更多年轻人深入了解并热爱敦煌文化。新冠病毒感染疫情期间的云游需求,进一步加速了数字敦煌虚拟工程建设进程。先后上线的"云游敦煌"小程序、数字敦煌文化大使虚拟人伽瑶,以及超时空参与式博物馆"数字藏经洞",打破了时空壁垒,让千万用户足不出户便能在指尖畅游敦煌石窟。此外,敦煌还携手抖音及其海外版产品,借助直播和短视频等新颖形式,将敦煌这座艺术宝库呈献给全球用户,进一步打开文化传播的新窗口,让远在大漠中的千年古迹焕发新活力。

随着直播热潮的兴起,教育行业巨头——新东方,也开启了"直播+文化"的转型之路,旨在通过直播业务推广全国各地的优质农产品和文旅产品。它成功地锚住知识的核心竞争力,打造了独具特色的"东方甄选"双语带货直播间。不同于传统的叫卖型带货方式,东方甄选的主播们凭借着多年教学经验和深厚学识为产品赋予情感、故事和价值,在销售商品的同时,输出文化知识,这样的知识带货模式让网友纷纷表示,一时间不知道该下单还是该记笔记。而爆火后的东方甄选并不局限于传播"万卷书",也带领观众去游历"万里路"。2022年11月,东方甄选孵化了子账号"东方甄选看世界",目前已经走进四川、云南、山西、陕西等多个地区,开展了多场文旅直播活动。在西安专场的直播中,从下马陵的由来,到西安城墙的墙砖成分,再到大唐芙蓉园的盛世风貌……主播董宇辉讲解的每处都吸引着网友的互动。直播间10万以上的在线人数、上亿次点赞及满屏滚动的弹幕,不仅体现了东方甄选自身的影响力,更代表着传统文化的成功出圈。我们也期许更多的城市能够抓住数智化转型机遇,为文化创新发展注入新鲜血液。

4. 守护网络阵地　筑牢文化自信防线

文化建设是一项艰巨而复杂的长期任务,在此过程中,必然会面临重重挑战。特别是在"网红经济""流量为王"时代,不良信息泛滥,庸俗之风盛行。一些网红为了吸引眼球、博取关注,故意编造虚假新闻、在公共场合制造事端、拿国家安全抖机灵、调侃革命英烈……这些行为不仅扭曲了社会价值观，更侵蚀着民族文化自信。本应成为先进文化代表的网红文化，由于缺乏正确的价值引领，逐渐沦为劣质文化的温床，一部分身处其中的人正渐渐失去对廉耻和善良的追求，迷失在物质和权力的旋涡之中，这对整个社会而言，是一种巨大的危害。为纾解这些问题，我们呼吁以"向上、向善、向美"的价值观为核心，以媒体为主导力量，打造清朗和谐的网络空间，为民族文化自信构筑坚实的屏障。

作为民族文化的重要载体和传播者，媒体既反映社会现实，又影响社会意识，具有为公众设置"议事日程"的功能。换句话说，媒体对事件或议题的建构，会影响大众对事情的认知、情感和判断，甚至决定其行为。然而，随着自媒体的兴起，传统主流媒体的权威性和议程设置能力正遭受着严重的挑战。在各种社会热议话题中，事件本身都是多侧面、多角度的，可部分自媒体为了迎合公众需求并获取经济利益，往往会采用"贴标签"的报道方式，对事件进行片面的、有倾向性的解读，导致理性客观的声音被大量负面无关的评论所淹没。这种"舆论失焦"现象可能会使一些微小的事件被无限放大，最终演变成一场席卷网络的风暴。由此，各媒体平台应当担负起宣传主流价值观的责任，为社会文化建设树立正确的导向。特别是主流媒体，更要悬置澄清网络中的喧哗之声，在舆论场中保持本土文化定力、防止异质文化侵蚀。

"文化自信是更基础、更广泛、更深厚的自信。"唯有坚定文化自信，才能在历史变革中坚定民族前进方向，才能在文化碰撞中保持民族精神底色。在新媒体时代，我们要坚定地传承优秀传统文化，以开放包容的态度借鉴吸收人类文明的优秀成果，乘着数字化的东风，迈向更加繁荣自信的文化强国，向世界展现"亘古亘今、日新又新"的东方文明图景。

三、有效的文化输出和形象展示，树立良好国际公民形象

党的二十大报告提出："加强国际传播能力建设，全面提升国际传播效能，形成同我国综合国力和国际地位相匹配的国际话语权。"传播力，就是影响力。要提升中华文明的传播影响力，就需要强化对外传播的能力，深入研究对外传播的规律，全面推进对外传播的观念、内容、形式、方法、手段、机制等方面的创新，创造出更多的传播精品，努力提升对外传播的影响力、中华文化的吸

引力、中国形象的亲和力、中国话语的说服力、国际舆论的引导力。

2023年,《求是》(第2期)发表的《坚定文化自信 增强中华文明传播力影响力》一文中提到:"用好全媒体手段,让中华文明故事'活起来'。持续落实好'构建全媒体传播格局'要求,突出问题导向、目标导向、效果导向,在海外受众可理解、易接受的多元呈现方式和渠道上下功夫。中国日报以推动内容供给侧结构性改革为抓手,聚合全社全球化多语种优势,强化报网端微全媒体传播,用好《中国日报》、《中国观察报》、中国日报网站和新闻客户端等媒体,推出更多艺术精湛、制作精良、文化精深的精品。创新栏目平台,用好脸书(Facebook)、推特(Twitter)、照片墙(Instagram)、抖音国际版(TikTok)等集聚海外受众的载体,通过'画时代'工作室、新时代大讲堂、美术学院国传联盟等平台,构建全方位、多领域、深层次的文化'走出去'新格局。"而具体来说,我们可以从以下四个方面实现以人机交互为基础的新媒体平台的跨文化传播。

1. 打造全球传播平台

新媒体为文化输出提供了全球范围的传播平台。通过社交媒体平台、视频分享平台和在线内容平台等,文化创作者可以将自己的作品、观点及价值观传播给全球受众。这有助于推广和传播本国文化,让世界更多地了解和欣赏该国的音乐、电影、文学等艺术形式。同时,新技术的应用也有利于打造全球传播平台。例如,微信、QQ中人工智能实现了实时对话翻译,让不同国家的人也能交流自如。2021年,微信上线了边写边译(自动翻译)的新功能,输入英文,长按输入框就会弹出一个选项条,其中包含边写边译的功能;如果想要切换成不同语言,需在输入框上点击"英文",进入切换语言界面,选择自己想要翻译的语言即可。此功能的增加,更加方便了与外国友人的沟通过程,实现有效便捷沟通,并且对于一些希望提升外语水平的用户来说,也会有一定的帮助。

此外,应用人机交互打造全球传播平台的例子还有很多。例如,国外的全球性的视频流媒体平台Netflix,拥有全球的1.4亿用户。Netflix通过制作和推广各种类型的影视作品,将不同国家和地区的文化传输到全球。Netflix制作了许多来自不同国家和地区的原创剧集和电影,如《黑镜》(英国)、《王冠》(美国)、《隐秘的角落》(中国)等。这些作品不仅在本地获得了高度的关注和评价,也在全球范围内获得了广泛的认可和追捧。国内的TikTok也是一款全球性的短视频应用程序,拥有超过 20 亿的用户。TikTok 通过推广各种类型的短视频内容,将不同国家和地区的文化传输到全球。TikTok 上有许多来自不同国家和地区的用户发布的短视频,展示了当地的文化、风俗和习惯,如印度的卡拉 OK、日本的 cosplay 等。这些短视频不仅在本地受到了广泛的关注和分享,也在全球范围内获得了广泛的传播和认可。TikTok 还通过与当地的创作者和内容制作团队合作,制作符合当地文化和市场需求的短视频内容。例如,TikTok 在印度推出了"TikTok Creator Fund",为当地的创作者提供资金和支持,帮助他们制作符合当地文化和市场需求的短视频内容,并促进当地文化的传播和推广。总之,Netflix 和 TikTok 是两个成功的全球传播平台,通过制作和推广各种类型的影视作品与短视频内容,将不同国家和地区的文化传输到全球。这些平台不仅能够传输当地文化,还能够吸引更多的全球用户关注和了解当地文化。

当然,在进行文化输出和形象展示时,选择合适的新媒体平台是非常重要的。目前,主流的新媒体平台包括微博、微信、抖音、YouTube、Instagram 等。不同的平台有不同的特点和用户群体,需要根据自己的目标受众和文化输出的内容选择合适的平台。例如,如果想要向海外观众展示中国传统文化,那么可以选择在 YouTube 上发布相关的视频内容;如果想要向国内年轻人展示自己的形象,那么可以选择在抖音上发布相关的短视频内容。

2. 提高互动和参与性

新媒体提供了与受众互动和参与的机会。通过社交媒体平台,文化创作者可以与观众直接互动,了解他们的反馈和意见。这种互动既增强了文化输出的交流效果,也提升了观众的参与感,使他们更加愿意与文化内容互动,并成为其忠实的支持者。同时,互动和沟通可以增强与受众之间的联系和信任,树立良好的全球公民形象。而随着技术的发展,越来越多的工具可以用来提高互动性和参与性。早在 2013 年,VR 技术的发展催生出 VR 眼镜、VR 现实体验场景等一系列的应用设施。近年来,裸眼 3D 技术的研发出现,也带起了一波潮流。虽然目前来看裸眼 3D 还处于研究阶段,但是其发展前景很不错。例如,电影《阿凡达》就运用了裸眼 3D 技术,带来了非常震撼的观影效果。

另外,可以通过提高互动性和参与性进行文化传播,美国《国家地理》杂志(National Geographic)的 Instagram 活动就是一个很好的例子。《国家地理》是一个全球性的探索和科学媒体杂志,拥有广泛的读者和粉丝群体,为了提高互动性和参与性，《国家地理》杂志利用 Instagram 平台推出了一项名为"Your Shot"活动。该活动鼓励用户在 Instagram 上分享自己拍摄的照片，并且可以与其他用户进行互动和分享。在"Your Shot"活动中，《国家地理》杂志每周会选取一些用户分享的照片，展示在其官方网站和社交媒体平台上，并且提供了一些专业的摄影师对这些照片进行评价和点评。用户可以通过参与活动，了解更多的摄影技巧和知识，并且可以与其他用户进行互动和分享。通过推出"Your Shot"活动，《国家地理》杂志提高了文化传播的互动性和参与性，吸引了更多的用户关注和了解其探索与科学内容。

然而，在进行互动和沟通时，需要注意以下几点。首先，及时回复评论和私信：在发布内容后，需要及时回复受众的评论和私信。回复需要及时、准确、礼貌，避免出现无法回复或回复不及时的情况。其次，活跃社交圈：在社交媒体上，需要积极参与各种社交圈，与受众进行互动和沟通。可以通过发布有趣的话题、参与热门讨论等方式来增加与受众之间的联系。最后，举办活动和推广：可以通过举办线上或线下活动来与受众进行互动和沟通。活动可以包括文化展览、艺术演出、旅游推广等不同类型，从而吸引更多的受众关注和参与。

3. 致力形象塑造和价值观传递

通过新媒体，一个国家或民族可以塑造自己的形象并传递其核心价值观。通过发布有关本国文化、历史、传统和社会发展的内容，国家可以展示其多样性、创新力和开放性，从而树立良好的全球形象。随着短视频与直播这类新媒体形态的出现，它对我国对外传播的形式进行了创新，提高了传播效果，更有利于国家形象的塑造和价值观的传递。《冰雪中国》节目在自己的微信视频号上进行了三次长时间的现场直播，通过主持人、外国嘉宾和本地嘉宾的互动，向观众展示各地的冬季运动和风土人情。网络直播与传统的图片相比，更具实时性和互动性，可以更加全面、生动、逼真地展现出各个地区的实况，摆脱了地区的局限，提高了观众的现场感。

除了可以通过直播塑造形象和传统价值观，文化名片在形象塑造和价值观传递上也是有力的武器。例如，世界自然基金会的形象大使大熊猫，作为"活化石"和"中国国宝"，成为我国文化输出的外交礼物，是我国文化输出和中国人民善良友好形象的代表。再加上近年来，有人将直播与大熊猫相结合（如 iPanda 网站的熊猫直播，作为全球首创 24 小时多路高清直播大熊猫，观看人数经常创新高),凭借其显著的经济效益与网红效益,国外仅熊猫带动的经济收入便远远超过了租金。从这种角度来说,大熊猫已经与我国的文化联系在一起,从而实现形象塑造和价值观传递。

在使用新媒体进行文化传播的形象塑造和价值观传递时,需要关注以下几点。首先,必须保持传播内容的真实性和可信度。由于新媒体平台具有广泛的覆盖范围和巨大的影响力,任何虚假或误导性的信息都可能对用户产生不良影响。因此,必须确保所传递的文化信息是准确可靠的,以维护声誉和公信力。其次,尊重文化差异。不同的文化和价值观存在差异,因此,在进行文化传播时,需要尊重不同文化和价值观之间的差异,避免产生误解和冲突。再次,突出特色和亮点。文化传播需要突出文化的特色和亮点,吸引用户的关注和兴趣,同时需要避免过度宣传和夸大其特点。最后,注重多元化和包容性。文化传播需要注重多元化和包容性,尊重不同文化和价值观之间的平等及多样性,避免产生歧视和偏见。

4. 实现资源共享与合作

新媒体为不同国家和文化之间的合作提供了平台。通过在线协作、跨国合作项目和文化交流活动,国家可以共享资源、分享经验,并在文化领域展开更深入的合作。这有助于促进文化创意产业的发展,增强全球的文化交流与合作。与此同时,随着人机交互和混合现实等关键技术的研发,其新媒体形式正在不断涌现,实现了信息生产、体验、推送、存储和利用等多种功能。这些技术不仅推动了类人视觉、听觉、语言和思维等智能技术在文化领域的创新应用,还促进了资源共享和文化传播。

目前,运用互动技术,许多资源共享和合作即将达成。例如,博物馆数字化展览,许多博物馆利用新媒体技术将展品数字化,将 VR 等技术应用在数字博物馆的建设中,通过网络向公众展示博物馆的收藏。伴随着全景及 VR 技术、AR 技术等的日益成熟与发展,使人们对于博物馆线上展示的体验得到了极大的改善,实现了博物馆资源的共享,让更多的人可以享受到宝贵的文化遗产。法国的卢浮宫和纽约的大都会博物馆都设有数码馆,这在全球范围内也是很常见的。故宫是全国知名的博物馆,在 2016 年开始引入 VR 技术,以高科技手段向游客展示文物古迹和历史文化,给游客带来极大的视觉冲击。只需要戴着这款虚拟现实头盔,便能在博物馆内"行走",甚至能"拿"到眼前的东西,进行近距离的观看、研究,而不用担心会对展品造成损伤。不只是 VR 技术受到大家的欢迎，AR技术也很受欢迎。如果你在博物馆里发现了想要的东西，便可以用手机对着玻璃盒子里的东西照一照，然后你的手机屏幕上会显示出你想要的东西，包括该物品的艺术特色及文化价值。此外，运用VR全景展示技术、AR智慧讲解技术、物联网等现代科技，构建"VR+博物馆"的线上全景展示平台——智慧博物馆。智慧博物馆可以使观众更轻松、更便捷地参观博物馆，了解不同文化。它不仅打破了传统博物馆对于展示时间和空间上的局限，还提升了观众的参观体验，让线上虚拟展示成为线下博物馆最有效的补充和延续。

在线文化课程也是资源共享的一个显著例子。许多文化机构和学术机构通过新媒体平台提供在线文化课程，向公众传授文化知识和技能。此外，中国的武侠小说在美国也很受欢迎，很多武侠爱好者都会把金庸、古龙等作者的作品翻译出来，然后把它们放到社会网站上，这也是一个文化传播中实现资源共享和合作的例子。而随着读者数量的增长，对不同种类的小说的要求也越来越高，因此，各种英文版本的网络小说开始出现，并拥有了一大批新的读者。《武侠世界》这本书不仅在美国受到欢迎，而且在全世界范围内，也有超过100个国家的读者。在国外读者日益增多的今天，网络文学已经成为中国对外文化输出的重要一环。

当然，在利用新媒体进行文化传播中实现资源共享与合作时，不仅要遵守知识产权和版权法律法规（资源共享与合作需要遵守知识产权和版权法律法规，确保合作过程中不侵犯他人的知识产权和版权），也要确保资源共享和合作的可持续性（资源共享与合作需要考虑长期的可持续性，确保合作过程中不会出现资源浪费和环境污染等问题），只有这样，才能帮助文化传播更好地实现资源共享与合作，促进文化交流与发展。

总的来说，随着新媒体的迅速发展和普及，越来越多的人开始借助这些平台进行文化输出和形象展示。新媒体为有效的文化输出和形象展示提供了广阔的机会及平台，使国家能够更好地展示自己的文化特色和价值观，树立积极的全球公民形象，并促进全球的文化交流与合作。

第九章　科技向善理念在社交媒体中传播的策略与实践

习近平总书记提出:"要深度参与全球科技治理,贡献中国智慧,塑造科技向善的文化理念,让科技更好增进人类福祉,让中国科技为推动构建人类命运共同体作出更大贡献!"[77]随着科技前沿领域的快速发展,科技对人们日常生活的影响越来越大,对于科技发展的关注也变得不可忽视。科技向善作为一种正确引导科技发展的理念被提出并应用于社会,受到大众的重视。本章延续前文对社交媒体的介绍,重点关注科技向善理念如何通过社交媒体的传播效应与影响作用服务于社会,更好地为人民幸福生活创造福祉,并为此提出相应的策略与实践方法。

一、科技向善理念在社交媒体中的传播与影响

科技向善理论的内核在于科技的发展和应用与人类社会的福祉和进步相结合。科技的作用在于服务人类,为人类增加便利,而不应成为负担。目前,针对科技向善理念的主要内涵,从促进人类福祉、保护人权和环境、提高透明度和可访问性及鼓励创新和创业等方面着手,这就需要政府、企业和社会各方面的共同努力,包括制定相关政策和规范、推广普及科学文化知识、推动技术应用及鼓励创新和创业等措施。

新兴领域(如量子科技、Web 3.0、AI机器人、AIGC及大数据技术)在智能化基座的基础上,实现了新的科技腾飞。例如,在量子计算领域,中国科学技术大学的潘建伟团队利用"墨子号"量子卫星成功地实现了远距离的量子态传输,刷新了传输距离纪录;Web 3.0技术构建了更开放、公平和安全的网络空间;在全球老龄化趋势下,AI技术的发展推动了AI机器人应用在各行

各业,解决了劳动力短缺的问题;AIGC 技术革新了文学、绘画等领域的创作模式,提高了生产效率;在食品领域,腾讯投资的以色列数字农业公司 Phytech 通过数据优化农作物培育,显著地提高了产量,为全球饥饿问题贡献了中国力量。

与此同时,社交媒体作为现代社会中科技前沿发展传播渠道不可或缺的一部分,已经深入人们的日常生活之中。它不仅为人们提供了获取信息、分享观点的场所,更成为科技向善理念传播的重要平台。通过社交媒体,人们可以关注时事热点,时刻掌握全球的最新动态;可以参与公益活动,为那些需要帮助的人们提供援助;可以分享爱心行动,将温暖和关怀传递给更多的人。因此,在这个信息高度发达的时代,科技向善理念在社交媒体中的传播显得尤为重要。这种理念借助互联网、大数据、人工智能等先进技术,以创新的方式为人们提供了更便捷、更高效的公益参与渠道,从而推动社会的进步与发展。

二、科技向善理念与社交媒体结合的潜在问题

在当今数字化时代,信息过载和虚假信息成为科技向善理念与社交媒体结合过程中需要特别关注的问题。这些问题的存在,给我们带来了极大的困扰和挑战。例如,如何在海量的信息中筛选和鉴别真实有用的内容,以及如何阻止误导信息和谣言的迅速传播。同时,在这个数字化时代,个人隐私和安全问题日益凸显,成为亟待解决的重大问题。我们的个人信息可能被不法分子轻易窃取,从而带来诸多风险和隐患。此外,网络欺诈和网络暴力问题也日益猖獗,给我们的日常生活带来了一定的困扰和恐惧。再者,企业在利用社交媒体进行公益营销时,也可能产生伪善的行为及冲淡公益初衷的问题。这种行为不仅会损害公益资源的合理分配,更会对社会造成不可估量的负面影响。

这些都表明,我们需要努力推动科技进步,以更好地应对这些问题。具体来说,我们可以通过人工智能技术来开发更加先进的信息筛选和鉴别系统,帮助人们快速准确地识别和筛选出真实有用的信息。同时,我们也应该加强网络监管,以便及时发现并制止误导信息和谣言的传播。

三、引导社交媒体结合科技向善理念的三种策略与两类实践

科技向善与社交媒体结合的重要性和必要性已经不言而喻,如何引导社交媒体内容与科技向善的结合实践成为无法绕开的话题。本节将给出三种策略,针对社交媒体的特点,阐述如何正确结合社交媒体与科技向善理论,并发挥其最大功效。另外,将给出两类实践案例,分析社交媒体在其中所发挥的重要作用。

1. 三种策略

(1)策略一:准确把握社交媒体趋势。

① 深入研究社交媒体发展趋势。通过深入了解社交媒体的最新发展趋势(包括用户增长、使用习惯改变、新的功能或服务,以及市场领导者的情况等),把握整个市场的发展方向。同时,需要关注用户的实际需求变化,以及他们对于社交媒体平台的期待,以便更好地满足他们的需求。

② 积极运用新兴社交媒体平台。新兴社交媒体平台(如短视频、直播等)正在快速发展,它们提供了更丰富多样的信息传播形式和更广阔的传播渠道。通过积极运用这些新兴平台,我们可以更好地扩大科技向善理念的传播范围,覆盖更广泛的用户群体。

③ 提高信息传播的时效性。在这个信息爆炸的时代,信息传播的速度至关重要。我们必须确保用户能够及时获取最新的科技向善资讯。为此,我们需要提高信息发布的频率和速度,同时保证信息的准确性和可靠性。此外,我们还可以通过与用户进行实时互动,及时回应和解决用户的问题与疑虑,从而提高用户对我们的信任度和忠诚度。

(2)策略二:建立信任关系。

① 运用具有温度和情感的语言。在传播科技向善理念时,运用具有温度和情感的语言能够更好地触动读者的内心,增强与他们的情感联系,从而提高信任度。我们可以通过讲述故事、分享案例、表达关怀等方式,让读者感受到我们的用心和诚意。同时,要注意避免使用过于夸张、虚假的言辞,以免引起读者的反感。

② 定期与用户互动。为了与用户建立长期的信任关系，需要定期与他们进行互动。在这个过程中，我们要积极回应质疑和问题，并时刻关注用户的反馈。同时，要根据用户的需求和兴趣调整传播策略，以满足他们的需求。此外，还要注重保护用户的隐私和数据安全，以进一步增强用户的信任感。

③ 技术支撑，隐私问题新突破。大数据时代，如何在无缝隙地为个体提供针对性服务和个人隐私保护之间作出平衡？全域隐私计算——一种基于密码学、人工智能、计算机（数据）科学、专用芯片等领域的跨学科技术体系——给出了潜在的答案。这种前沿技术体系也是数字时代解决隐私泄露问题的新工具。这一技术体系的特点是通过数据分解、秘密共享和混淆等技术手段，使数据能够安全地被共享和使用，但不可见。全域隐私计算不仅可以促进企业之间的数据共享（如出现数据信托机构提供基于隐私计算的数据共享服务），还可以促成国家之间的密切共享与合作。同时，相关领域的技术也可能带来一场前所未有的变革，在不久的将来，可能迎来性能和可解释性方面的新突破，并将在互联网医疗、政府服务、跨境电商、金融服务等领域大展拳脚。

（3）策略三：突出科技向善的特点。

① 在社交媒体中加大对科技向善产品的宣传力度，让用户了解科技的特色和优势。为了更好地向用户展示科技向善产品的特色和优势，应在社交媒体平台上加强宣传。通过精心策划和制作具有吸引力的内容，向用户展示各类科技产品是如何解决社会问题的，并提升公众对品牌形象的认识。利用各种社交媒体平台（如微博、微信、抖音等），采用文字、图片、视频等多种形式，全面展示新型科技向善产品的特点和优势。此外，积极回应用户的反馈，加强与用户的互动，让更多的人了解新产品和服务是如何在科技向善理念作用下服务于社会的。

② 为了给用户提供更加出色的公益体验，可以运用先进的科技手段（如VR 和 AR 等）为用户提供沉浸式、富有创意的体验，让用户感受到科技带来的无限可能性和魅力。例如，种类丰富的智能眼镜在未来的元宇宙世界中为用户带来自然界面交互的无限可能，为塑造全新的互联网生态体系作出了第一步尝试，也将进一步重塑各类场景下的交互方式，使得在科技向善理念下创造出的服务与产品能更好地服务于社会，让人们足不出户便可身临其境地感受温暖成为现实。

2. 两类实践

腾讯提出科技向善理念，宣布"一切以用户价值为依归，将社会责任融入产品及服务之中，推动科技创新与文化传承，助力各行各业升级，促进社会可持续发展"。科技与现有的公司企业的实践项目密不可分，落地才能真正将科技向善理念贯彻，进而通过社交媒体的普及深入人心。本节介绍的两类实践，分别从现有的科技龙头企业及国家科技项目实践落地的实例出发，介绍现有科技项目带来的积极效应，以及在社交媒体传播下所带来的正面影响。

（1）实践一：科技向善赋能公益慈善。

本实践侧重于设计各类社交媒体活动与用户交互，让用户切身体会科技向善理念的先进性和重要性。通过设计多样化的社交媒体活动（如线上募捐、公益挑战活动、公益平台搭建等），可以吸引更多的用户参与，提高品牌知名度和用户黏性。

① 线上募捐活动：通过在社交媒体平台上发布募捐信息，吸引用户参与并捐款，帮助需要帮助的人们解决问题。这种活动通常会借助一些有公信力的第三方机构或有影响力的个人来扩大活动的影响力，如借助知名人士等参与活动，吸引更多的关注和参与。例如，阿里巴巴的"链上公益"项目以区块链技术作为技术支撑，提供了清晰透明的公益问题解决新方案。其中，公益组织可以免费使用该平台，以此来推进公益项目的透明度和系统性。WABC无障碍艺途发起的"小朋友画廊"捐助项目一经上线，便吸引了众多用户参与，获得了众多好评及大量捐款。

② 公益挑战活动：在社交媒体平台上发起一些具有公益性质的挑战活动或相关赛事，吸引有志之士参与设计科技向善赋能产品，让硬核技术为公益保驾护航。例如，抖音、北京字节跳动公益基金会等机构共同倡导的"AI FOR GOOD CODE ON！"技术公益创新杯吸引了众多高校学生和公司职员参与。其中，"灵瞳"团队设计的"对话式视觉助手"通过精巧的设计荣获一等奖，该项设计大大降低了残障人士使用AI辅助功能的门槛。此外，"BANG"团队基于AI技术的文本图像转换及色块转图等功能，帮助特殊人群实现了无障碍创作，展现了科技带来的新希望。

③ 公益平台搭建：通过携手各类公益组织和互联网平台对公益组织的培养与塑造，增强这些组织的结构、制度及功能的完整性，以便其更好地发挥作用。例如，"Cloud for Good"作为华为云针对5G、AI等技术的科技分享活动，帮助众多相关企业的公益行为向公益平台转变。该活动目前已从一家企业的公益行为演变为一个公益平台，吸引了300多家客户和伙伴加入。

（2）实践二：科技向善赋能现实项目。

本实践侧重于借助新兴科技手段，开展各类科技向善项目，通过社交媒体平台进行宣传。开展各类科技向善项目，如 AI 反诈、亚运会等，为有需要的人群提供帮助，同时起到对外宣传的作用。

山东犀盐实验室通过腾讯云 AI 技术建立了高精准反诈分析模型，在帮助老年人提升防诈骗能力的同时，将网络诈骗行为扼制在摇篮里。腾讯守护者计划利用大数据和 AI 技术构建智能反诈中枢，为警方和政府部门提供精准打击网络黑产和欺诈团伙的导航。阿里巴巴推出的"AI 豆计划"通过设立"AI 培育师"的新标准，实现了 AI 产业下沉贫困群众的新职业发展模式，帮助弱势群体发挥自我价值，提高实现再就业的可能性。

杭州亚运会呈现的新技术让全世界眼前一亮。智能交通系统方面，该系统为亚运会提供了可靠的保障，成功地解决了交通拥堵问题，提高了公共交通的效率和安全性；网络方面，云计算的应用推动了杭州亚运会赛事成绩发布系统的云上一体化，实现了亚运史上首次云上转播，使画面传输更迅速、内容更丰富；服务方面，机器狗变成了新型志愿者，为器材运输保驾护航。杭州亚运会充分利用了强大的数字技术实力，提升了比赛的效能，同时为参与者和观众提供了更便捷、更精彩的体验，展示了杭州作为科技创新城市的领先地位。

计算机、通信及网络技术的不断进步，为人类带来了跨越地理空间的广阔合作环境，开辟全新的应急培训形式和方法成为当今时代的必然趋势。同时，沉浸式技术，如 VR 技术与 AR 技术，因为对现实环境的高度模拟仿真，在各种跨部门，甚至跨国的联合应急演练领域得到了快速的发展与应用。结合当今世界正在发生的重大事件，如巴以战争等，此类系统的重点应用领域包括战争或灾难背景下的跨国救援或国际人道主义难民援助培训等领域。在由 VR 技术或 AR 技术打造出来的虚拟世界中，人们以化身（avatar）的形式，像在真实世界一样参与到虚拟环境中完成任务及交互信息。与其他形式的系统相比，虚拟应急培训系统的用户具有超越时间和空间等客观限制的能力，在虚拟环境中能够身临其境地感受客观物理世界，创造出丰富而多感官的互动体验。表 9-1 中列举和分析了世界各国（如英国、挪威、爱尔兰、美国和中国）正在研发使用的代表性应急培训系统。其中，较为突出的是，表 9-1 中的大部分应急培训系统都通过多样化的游戏化设计元素或社交功能来提升用户的参与度与培训效果。无论是游戏化元素还是社交功能，都能进一步促进培训内容或人机交互中所蕴含的相关理念（如人道主义）的病毒式传播（go viral）。

表 9-1 科技向善赋能虚拟应急培训系统设计实例

系统截图	系统主要交互及功能	科技赋能交互	社交/小组协作
基于社交媒体的互动设计应急培训系统[78]	该研究结果表明，基于社交媒体的互动设计有助于促进应急培训系统的培训效果。 （1）主要目的：该系统主要针对缓解信息过载及用户在使用疲劳等负面问题。 （2）结果表明：用户的心理弹性负向调节社交过载与系统使用疲劳及系统中止使用意向之间的关系	（1）设置积分、奖励和竞争性挑战，以提高用户的参与度和积极性。 （2）游戏化元素可以激励用户在培训中更加努力，同时可以让他们更愿意与其他用户互动和分享经验	（1）有社交合作互动；有小组协作形式。 （2）基于社交的训练培训方式，可以有效地提高用户黏性。在社交训练培训中，用户可以分享经验、讨论问题、互相评估和激励
PIVOTE 系统 （图片来源：https://community.secondlife.com/t5/Working-Inworld-General/Three-Questions-about-PIVOTE-by-Daden-as-used-by-St-George-s/ba-p/650502）	英国伦敦大学、考文垂大学和 Daden 有限公司基于第二人生（Second Life）客户端合作开发了急救培训系统，名为 PIVOTE。 （1）主要目的：通过一系列突发场景的设置，帮助护理人员对于救助场景进行决策处理，训练人们在该情境下的处置原则和方法。 （2）主要模块及功能： ①设置五个培训场景，包括醉酒者或糖尿病人晕倒在地上、病人昏迷在办公室、地铁站里急性心脏病发作、烟雾状态下呼吸困难等； ②用户可通过所控制的虚拟护理人员在系统中实现生命体征检查、包扎伤口、施加药物、病人运输操作	（1）在进行伤者处置时，系统会根据用户与伤者的对话情况包括包扎等救治操作改变虚拟伤员的状态，实时给予数据和反馈。 （2）培训结束后，系统会将处置情况反馈给学生导师，用于对其培训结果进行判断	（1）无社交合作互动形式；有小组协作形式。 （2）在伤者被安全转移到医院前，对其伤情进行镜像评估和治疗。 （3）在初步的医疗处理后，小组成员会根据伤者的具体情况，制订进一步的治疗计划

第九章 科技向善理念在社交媒体中传播的策略与实践

名称	介绍	特点	优势
矿山救护队应急救援3D模拟演练系统 （图片来源：http://www.chipont.com.cn/dream/yingji8.html）	我国中安华邦安全生产技术研究院研发了"矿山救护队应急救援3D模拟演练系统"： （1）主要目的：该系统可用于矿山救护队日常训练、演练、培训，并且支持以指挥官、救护人员等角色及多人同时在线，从而模拟救援现场的团队协作。 （2）主要模块及功能： ① 该系统包括事故救援演练、救援指挥演练、现场逃生训练、救援装备训练、事故案例分析共5个模块； ② 以实际矿井参数为依据，构建了一个完整的三维仿真模型，涵盖了各种巷道结构、设备设施等要素。通过动态仿真精确模拟瓦斯、火灾、透水、冒顶等多种矿山事故的发生、传播和演变过程	（1）将应急预案从传统演练方式转为计算机模拟。 （2）模拟多人多角色同时进行实际应急处置任务，提高培训效率和真实感	（1）有社交合作互动；有小组协作形式。 （2）指挥官可以实时掌握救援进展，根据现场情况调整策略。 （3）救护人员可以在虚拟环境中进行紧急情况下的团队协作训练，提高救援效率。 （4）其他相关人员可以通过该系统了解救援现场的情况，为现场提供必要的支持和帮助

表 9-1（续）

系统截图	系统主要交互及功能	科技赋能交互	社交/小组协作
海上石油泄漏仿真培训系统 （图片来源：https://www.ynfpublishers.com/2014/12/worlds-advanced-oil-spill-combating-simulator-centre-goes-live）	挪威 Aptomar 公司与爱尔兰 Transas 公司共同开发了海上石油泄漏仿真培训系统。 （1）主要目的：基于海上石油泄漏的管理模式，降低快速响应时间，提升人员和生态环境的安全性。 （2）主要模块及功能： ① 该模拟器包括海上石油清理的所有操作功能，如石油遥感监测、船舶航行、机动清理工具（如围油栏、撇油器等）、船只与陆地同协作和信息共享等； ② 通过系统中提供的清理工具及操作功能对泄漏的石油进行清理； ③ 仿真模拟可以从指挥、控制、演习等多方面角色进行	（1）系统根据用户操作实现石油范围、覆盖面积和体积等的展示，按照真实情况进行变化，通过三维仿真画面反映给用户。 （2）通过反映画面进行判断，从而帮助判断石油清理效果，并且进行科学有效的石油泄漏管理	（1）无社交合作互动；无小组协作形式。 （2）建议在系统中加入社交交互系统，实时分享系统操作过程中遇到的问题，达到高效解决问题的目的

第九章 | 科技向善理念在社交媒体中传播的策略与实践

案例	描述	特点	社交/协作
Proximie平台AR医疗协同手术 （图片来源：https://www.thepaper.cn/newsDetail_forward_18977027）	Proximie平台实现AR医疗协同手术。 （1）主要目的：该系统以AR技术为基础，连接医院数据库，获取患者术前和术后的健康数据，建立一个可以远程手术为主，覆盖术前、术中、术后的手术全流程平台。 （2）主要模块及功能： ① 在线医生可以通过扫描手部动作更深入地参与手术，被扫描后的手势会叠加在真实场景上，出现在手术室的显示屏上； ② 除了提供实时远程手术，还提供术前日程提醒、术中完整记录，以及术后案例审查和教育培训等	（1）Proximie提供实时交流和协作功能，让医生之间的沟通更加便捷和高效。 （2）远程医生可以使用电脑、平板或手机登录Proximie账户，并通过查看手术的3D图像，实时在线语音和视频指导现场医生如何操作。 （3）Proximie支持多种语言，让国际合作更加顺畅。	（1）有社交合作互动；有小组协作形式。 （2）通过视频远程实时传输，多人在线远程实时分析手术过程，现场即时反馈
聚众事件管控演习系统 （图片来源：https://www.etcsimulation.com/adms-users-police.html）	美国Environment Tectonics Corporation开发了ADMS-Control系统。 （1）主要目的：帮助用户进行大规模聚众和暴乱事件的人群控制技术与策略培训。 （2）主要模块及功能： ① 系统虚拟环境场景主要包括现代化的城市、公园、体育竞技场、商业住宅和工厂等，系统中也提供催泪弹、非致命性武器等控制人群的工具，所有工具均基于物理实现效果显示； ② 模拟多达数十人的大型群体，对使用毒气手榴弹、警棍和水炮车的防暴队进行各种行为和反应	（1）用户可以对事件发生的剧情进行设置，并且可以通过控制执法车辆、警力资源对大量人群进行管理和控制。 （2）系统会根据用户所采取的操作，将操作后变化的场景实时反馈给用户，以帮助用户进行下一步决策	（1）无社交合作互动；无小组协作形式。 （2）建议可设计多人参与的社交互动系统，通过个体、组织间的配合更好地完成培训任务

表 9-1（续）

系统截图	系统主要交互及功能	科技赋能交互	社交/小组协作
瑞立视大空间 VR 医学急救培训系统（图片来源：https://www.vrtuoluo.cn/524832.html）	瑞立视大空间 VR 医学急救培训系统采用虚拟现实结合的场景式培训和触感反馈技术，通过三维建模构建 VR 虚拟场景进行教学和培训。主要目的：该系统旨在模拟各种突发事件发生的实际场景，有效提高受训者在遇真事件场景下的应急反应能力和心理应激素质。	(1) 在训练过程中，使用惯性手套配合光学定位。(2) 通过手指捕捉和振动触感实时感受物理反馈。	(1) 有社交合作互动；有小组协作形式。(2) 支持大空间 VR 场景中多达十几个人的同场景协同教学培训或集团队，受训者团队可以一个班级的形式进行多人协同的培训。(3) 受训者可以在一个共享的空间内进行互动，交流和合作。他们可以在虚拟环境中共同完成任务，解决问题和协作学习
舒心元 VR 康复训练系统（图片来源：https://www.hsszdmt.com/case/vr/76.html）	花生数字 VR 技术专项组，为广东埃纳生医疗投资发展有限公司定制了舒心元 VR 康复训练系统。(1) 主要目的：该系统主要利用人工景物和沉浸化元素设计，为患者提供一个仿真环境进行康复训练。(2) 主要模块及功能：①人工景物模块的设置使得患者有身临其境的感觉；②将 VR 康复训练与脑电、数字疗法等结合，快速起效，改变生活；③沉浸式康复空间，真实体感互动等，健康数据多重监测	(1) 使用 VR 技术帮助患者分散注意力。(2) 致简数字患者的慢性疼痛疗法帮助患者提高治疗效果	(1) 无社交合作互动；无小组协作形式。(2) 建议可以加入医生虚拟辅助互动，帮助引导患者更有效地针对康复动作进行训练

系统	说明	分析
C-THRU AR 系统 [图片来源：https://www.digitaltrends.com/cool-tech/qwake-c-thru-ar-hud-firefighters/]	Qwake Technologies 公司开发了 C-THRU AR 系统。 （1）主要目的：在充斥烟雾的环境中实现实时扫描和导航，反馈视野情况，协助消防员快速、有效地处理各种复杂情况，并在建筑内实现迅速移动。 （2）主要模块及功能： ① 集成了 AR 投影显示、热成像摄像头、生命探测器、空气毒性探测器、云计算和选择性主动噪声消除等功能； ② 嵌入头盔，通过增强现实源向他们呈现从机载热像仪拍摄的视频。	通过将热成像等技术集成到 AR 头显中，帮助消防员在火灾烟雾中行走	（1）无社交合作互动；无小组协作形式。 （2）建议可加入实时信息传递功能，通过社交信号，向同伴传递信号，以应对紧急突发情况的发生
大空间 VR 应急演练实训系统[79]	北京市应急管理科学技术研究院为提升突发事件应急演练效果，提出突发事件应急演练实训系统构建方法，设计了大空间 VR 应急演练实训系统。 （1）主要目的：该系统主要针对危化品公路运输事故的应急演练。通过情景构建，为突发事件提供高度沉浸式的虚拟场景，包括环境、人物、装备等基础三维模型。 （2）主要模块及功能： ① 利用融合的技术（如粒子系统、大规模水面合成、激光定位等）模拟真实危险情境，为学员提供实战体验； ② 通过消息收发机制接收导调平台的参数设置和硬件数据，以控制和调整演练场景； ③ 利用激光定位和肢体同步，确保学员在虚拟环境中的位置。	（1）参演人员能看到其他参演人员的角色身及其位置和姿态。 （2）根据反馈寻找自己的方位，从而合作完成演练任务	（1）有社交合作互动；有小组协作形式。 （2）通过多人定位和肢体协同技术，学员可以在同一场景内实现相互可视化，从而进行更真实的社交合作互动。 （3）使用 NPC 辅助演练，学员可以更好地理解任务流程和规则，提高完成任务的效率和准确性

表 9-1（续）

系统截图	系统主要交互及功能	科技赋能交互	社交/小组协作
消防事故紧急救援仿真系统 （图片来源：https://coherent-labs.com/posts/the-future-of-training-programs-is-in-simulations-and-vr-technology/）	美国 G2G3 公司开发了针对消防事故紧急救援的仿真系统。 (1) 主要目的：基于 Oculus 的虚拟现实技术的 360°全视角消防员训练模拟器，对消防员进行火灾实战术决策训练。 (2) 主要模块及功能： ① 目前，系统中的场景包括火灾、基于物理引擎引发的闪燃和反风流、住宅区火灾等； ② 消防员可以通过 Oculus 眼镜在系统里面搜索周围环境、搜救目标等	(1) 用户沉浸在虚拟世界中体验灾情，然后将自己的判断和接下来的应对行为告诉培训师。 (2) 培训师远程操控并实时根据火势的缩小或蔓延给予阶段性反馈。 (3) 为更真实地还原火灾现场，设计人员也建议在以后的系统开发中加入对用户心率、压力水平的记录和火灾现场气味的模拟	(1) 无社交合作互动，无小组协作形式。 (2) 建议可加入社交或小组合作功能，进一步加强模拟的真实性，提高多人救助的协作效率
E-LVC 技术[80]	清华大学团队面向大规模综合灾害，提出了一种基于增强的真实操作、虚拟模拟，构造模拟 E-LVC 技术的重大综合灾害耦合情景推演方法。 (1) 主要目的：E-LVC 技术用于构建综合灾害耦合情景推演平台。该方法基于跨领域技术的多维度、多尺度、虚实一体化平台，实现高精度可视、跨时空交互、虚实动态推演和综合集成分析。 (2) 主要模块及功能： ① 将演练数据和模型整合为演练包，其中包括演练方案、三维场景与模型、演练脚本及综合灾情事件内容等，以便进行有效管理； ② 实现软件平台与演练数据的分离，最终完成了推演系统的搭建	情景推演主要包括建筑结构破坏和风险模拟等，应急处置专家根据情景推演的反馈结果提供应急处置方案	(1) 有社交合作互动，无小组协作形式。 (2) 机器人或无人机在前线获取现场数据，如拍摄灾区的照片或视频，通过实时感知灾情，能够及时发现救援需要的人员和物资，并将数据传输到指挥中心。 (3) 指挥中心大屏幕可以实时展示灾区的最新情况，以便决策者作出更准确的判断和决策

其中，部分系统在用户参与虚拟培训任务时，给予较多的基于社交媒体的鼓励或反馈。另外，尽管大部分现存系统由于技术方面的局限性，仍然只能由个人完成任务，不过也存在部分系统已经实现了以团队的形式合作完成任务的功能。国际上较为领先的科研团队近期已经开始着手研发支持用户使用系统时自身体验的镜像代入和实时状态共享，以方便用户更加实时地理解自身和队友在应对突发紧急事件时的心理应对阈值，以便更好地进行团队调度、协作，以及状态调整。而基于社交媒体或团队协作的应急演练培训模式，可以进一步强化全球不同组织在反恐、人道主义跨国救援等领域的合作，整合国际不同地区的智慧和经验，如基于人工智能和虚拟现实的紧急状况情景再现和复盘、基于社交媒体的跨机构或跨国实时信息和经验共享、利用预见性数据和预测分析模型提升援助工作的精准性等，进一步促进在人道主义方面的全球共识与合作。

以上所述内容通过社交媒体平台在互联网掀起了技术赞誉的浪潮，各类好评纷至沓来，既有微观视角下维护公民切实利益的 AI 养老反诈，也有宏观视角下的科技助力亚运会，让世界看到了中国的先进，还有 AR 技术或 VR 技术支撑下的虚拟救援模拟系统等，这些无不让人们感受到正确应用科技所带来的震撼。

科技向善理念在社交媒体领域的应用，不仅提高了社交媒体平台的用户体验和服务质量，也使得社交媒体成为推动社会和谐发展的重要力量。未来，随着技术的不断进步和社会需求的不断变化，科技向善理念在社交媒体领域的应用也将不断深化和拓展。

结　语

2014年3月27日，习近平主席在巴黎联合国教科文组织总部发表演讲时指出，只要世界人民心怀和平理念，扬帆追求和平，就能形成阻止和反对战争的强大力量。人们希望通过文明交流、平等教育和科学普及，消除隔阂、偏见和仇视，播撒和平理念的种子。他同时指出，这种期待和憧憬是我们今天仍然要坚守的，我们不仅要坚守这一理念，还要通过跨越国界、时空和文明的教育、科技和文化活动，让和平理念在世界人民的心中生根发芽，让我们共同生活的这个星球上生长出一片又一片和平的森林。

2019年，习近平总书记在《求是》（2019年第9期）上发表的《文明交流互鉴是推动人类文明进步和世界和平发展的重要动力》一文中指出，文明因交流而多彩，文明因互鉴而丰富。文明交流互鉴，是推动人类文明进步和世界和平发展的重要动力。

推动文明交流互鉴的前提是认识到文明没有高低和优劣之分。新媒体作为新时代的发声渠道，为推动文明交流互鉴提供了新平台。如今，我们站在人类文明的最高点，既将人类文明的多样性丰富到前所未有的新高度，也让全球人民共同享受到更加充实的精神生活，这为创造更有价值的未来提供了坚实而有力的保障。历史和现实都证明，傲慢和偏见是文明交流互鉴的最大障碍，新媒体视角下的多元文化互融互通将是打破枷锁的最有力的神兵利器。

本书的"新媒体赋能"视角，创新性地从新媒体技术所带来的多元互动角度出发，以审视其对于新时代文明的影响力。本书所涉及的内容，不仅是描述如何通过新媒体的新形式来展示今天的社会面貌，而且是以"影响""联动"为主题，为纷繁复杂的文明交流确定了观察焦点，提出了应对策略。在关注各文明社会独有的发展历程、文化传统与文明成就的同时，更应倾注心力于它们相互交流、碰撞与融合的过程，尤其是在由传统媒体向新媒体的转变过程中，经此萌芽和蔓延的色彩斑斓的文明体系，以清晰、生动而具可读性的方式呈现了新媒体赋能时代多元互动的人文交流。

人类历史发展的进程和轨迹一再证明，任何一种社会文明，都不可能孤立地存在与发展，都是同其他社会文明相互交流、相互影响的，而且都是在彼此的互学互鉴中共同促进、共同发展的。人类文明史的总体进程也是如此。新媒体下的世界文明多元交流互动更进一步推动了各领域的蓬勃发展，不断引发人们对不同文化与文明的鉴赏、思考与创新，为新机遇的创造带来了无限的可能。

人类文明延续至今，不同民族经过历史长河的洗礼，形成了自身独有的传统文化，而传统文化的蓬勃发展也使得文化多样性呈现出积极增长态势，在世界文明的历史中留下了一笔笔瑰丽的财富。同时，文明的交流在不同时代、不同地域、不同人群之间时刻发生，孕育出人类命运共同体这一富有跨时代意义的概念，也让开放、包容、多样、和平等文明史观走在了时代的前列。21世纪，文明新秩序将得以新建，相互包容、求同存异的跨文化交流融合成为文明发展的主流[81]。

如今，信息时代的来临，促进互联网等新媒体发起新的革命，传播技术得以融合，不同文化间的交流以一种新方式发生着剧烈的变化，世界文化传播形式由原有建制化渠道转为基于互联网的平台媒体。交流方式打破了时间、空间的局限，数字化平台的衍生将每个地球居民打上数字标签，数字化生存模式从概念走向现实，通过人机交互的形式构建起新文明交流的新模式，文化融合从单一性转变为多样性的效率增加，范围得以拓宽，人们学习各类文化的方式有了更为便捷、高效的渠道[82]。

察势者智，驭势者赢。纵观世界文明发展，可以从中发现，媒介化、数字化影响下的人类命运共同体是大势所趋，新媒体在促进国家合作、民族交流、区域关联的同时，让不同文化间彼此影响、互相渗透，又在一次次的冲突碰撞中拉开了世界文化交流的新帷幕，世界文化正在经历史无前例的变革。

何以驭势？《孙子兵法》有云："顺势而为，借势而进，造势而起，乘势而上！"这句话将势的概念生动具象地体现了出来。所谓势，就是通过顺应把握事物的运动规律并借助其他社会力量，帮助优化提升自己所处环境，最终跨越到新一阶段的平台。下面从历史、当下、未来三个角度分别揭示未来各国为何要顺应跨文化发展的"势"、何为借"势"发展的扮演者及如何在国际跨文化交流的探索方面借助新媒体造"势"而起[83]。

回顾历史，文明的产生需要文化的沉淀，文化交流是文明的顺势。何为顺势？庄子说："且夫水之积也不厚，则其负大舟也无力。"任何新事物变化的过程都需要通过不断地积累才能积聚成势，达到势如破竹、一往无前的境界。历史车轮滚滚，回顾中外文明发展史，语言的产生促进了文化的传播，进而兴起传播媒介的不断演化。语言是文化产生的基础，是人类文明历史文化的结晶，通过语言的交际，出现了符合本土发展的文化，由于文化孕育环境的差异性，文化的多样性也由此而生。这就促使跨文化交际成为引导文明发展的顺势，跨文化交流是不同文化背景的民众在文化上的沟通，是通过相互交流借鉴，从而可以将多样性的文化传递于彼此之间，进而创造出新的文化的过程。中国古代，汉朝有张骞出使西域，开辟东西大干线"丝绸之路"；唐朝有玄奘西行印度，带来天竺佛经促进佛学发展；元朝有马可·波罗游记，世界地图初显形；明清时期，郑和七下西洋；四大发明惊世骇俗……。从古至今，跨文化交流为促进国家和平共处、互利共赢奠定了坚实的基础，帮助民众直观了解到不同文化所带来的思维差异，促进了文化的发展与创新。

文明是蓄势待发的过程，顺应产生文化、发展文化、交流文化的大势是文明发展的前提。厚积而薄发，时代的更迭，新的历史条件的产生，必将带来新的文化形式，创造出世界文明的璀璨盛世。

着眼当下，文明的发展需要技术的革新，演化的媒介是文明的借势。何为借势？荀子曰："假舆马者，非利足也，而致千里；假舟楫者，非能水也，而绝江河。君子生非异也，善假于物也。"充分掌握事物发展客观规律的脉络，因势利导，让事物发展朝着对我们有利的方向行进。互联网时代又将这种势称作"风口"，即事物的成长关键不仅仅在于天道酬勤，更在于借助风口，顺势而为，信息时代带来的"势"代表着全球一体化的推进有了新的载体，借势就是借助新媒体的发展，进而帮助各国文化可以更好地相互交融[84]。电子邮件、网络论坛、视频直播为文化传播交流创造了新的窗口，亿万人民改变了技术的发展方向，借助互联网之势，打开世界文化互动的新格局。历史发展至今，传播媒介主要经历了口语、文字及电子三个阶段。文字载体出现之前，原始的口语传播形式是部落间传递信息的主要方式；随着语言文字的出现，书面文化成为统治者及知识阶层思想输出的新载体，当出现录像、电视、网络时，文化传播媒介的改变也带来了大众文化的普及。新媒体技术的发展使得跨文化交流得到空前发展，打破了地域文化的边界，世界各国间相互沟通的成本大大降低。在新媒体时代，人们可以超越地域的限制，打破时间的拘束，按照自我兴趣进行互动交友，突破了时空的壁垒和社会结构的捆绑，使得新文化现象群体的主导者以一种崭新的姿态登上历史舞台，世界文化的新版图也在徐徐展开。

借助新媒体之势，人们获取文化信息的渠道变得多样化，人们可根据需要自主寻找内容信息，在新媒体环境下，正在朝着以用户为主导的方向变革，文化不再是少数阶层的专属。同时，文化思想的学习也不再局限于传统的传道授业，而是极大地解放了人们的自主性，使运用新媒体的每个个体可以按需索取，并且发出自己的声音。这种特质体现了去中心化思想，使得文化主体之间更具多样性，使得世界文化多姿多彩，加强了人民在文化传播与形成中的话语权，进一步推动了各国经济文化及社会系统的重新构建，体现出自由平等的全球化思想格局新境界。

除了文化学习本身的渠道扩展，新媒体对于跨文化的作用影响还体现在主观自我展示的情绪能够得以满足。新媒体自身的双向流通模式让创作者与评论者不再是单一流向，两者的身份可以直接通过主观意愿发生转移，媒体信息的非线性传播也使得受众群体不再局限于地域，跨文化交流也因此受益。同时，在这种趋势影响下，流量时代、个人IP时代也借势而来。回望中国近五年来新媒体的发展，舆论发声的有效性在很多时候甚至超越了主流媒体的影响力，这在过去被传统媒体主导的时代是异想天开的，而现在却成为传播界的现实。另外，"星星之火，可以燎原"，个人IP时代重新诠释了这一概念。公域与私域的界限逐渐变得模糊，人们越来越倾向于将自己的个人用户内容通过个人账户进行发声，从而得到关注，每个人都可以将自己的奇思妙想与大众分享，社会开始公平地对待每个人的不同声音。互联网生态每天涌现出数以万计极具个人特色与魅力的创作内容，将多元文化的视角从一个国家一个民族细化到一个地区乃至一个人。在此推动之下，世界的活力正以一种全新的姿态被再一次点燃。

展望未来，文明的探索需要文化技术的互联，数字时代是文明的造势。何为造势？"造非造也，初见其平，折而为二，其高者高，其低者低，使其力自张。其间之差，即为势也。"势的从无到有，是一种从量变到质变的过程。势能积累到一定的临界点，就会喷薄而出、不可逆转。文化的积淀，新媒体技术的发展，是文明厚积薄发的体现，两者互融所带来的数字时代变革亦是如此。

因此，未来的时代需要我们在此基础之上造势，那么问题也随之而来。造什么势？用什么造？怎么造？答案镌刻在历史里，由新媒体技术发声：我们需要造的是全球各族人民团结互助的势；是不论男女，不论种族，不论地域，每个世界角落的人都能自由、平等对待的势；是世界永远持久和平、普遍安全、共同繁荣、开放包容、清洁美丽的势。或许曾经看来这样的目标道阻且长，但千万年的历史文化为我们提供了经验教训，现代技术的发展为我们提供了有力工具，两者相辅相成，让数字时代的浪潮掀起，使得人类命运共同体这一蓝图的实现不再遥不可及。

与此同时，我们也必须明确，数字时代下的新媒体技术与文化互联的过程并不是一帆风顺的，或许将面临的是人类文明构建以来最大的一次挑战。

从内部角度来看，新媒体自身产生的文化会与传统媒体的文化出现隔阂。在新媒体尚未兴起的阶段，传统媒体与文化创新是以动态同步的方式并驾共存的。然而，新媒体在文化传播方面的泛用直接带来了传统媒体方式的文化价值创新，这种冲突的产生会直接造成代际矛盾，从而使得彼此间的理解与传播阻碍大大加深。

从外在角度来看，新媒体带来的是信息碎片化泛滥，进而造成文化逻辑的严重缺失，传统文化的主题、语法等都遭到了不同程度的割裂，引起不同国家间的传播障碍。在跨文化传播过程中，这种模糊不清的程度被放大到极点，如何面对这种新媒体带来的混乱的文化传播形式，并让各类基于不同文化背景的人们再次理解，进而满足经济政治生活需要，成为新的挑战。另外，新媒体的传播便捷性、主观性及隐蔽性让造谣成本变得极低，致使舆论泛滥，同时被应用于煽动极端主义情绪，支持激进的暴力运动，而造谣者只需以虚拟身份参与，致使网络暴力等乱象频出，导致其成为新的社会不安定因素之一。

挑战与机遇并存，在跨文化交流过程中，新媒体所带来的传播潜力同样是巨大的。5G的降临推动了数字时代新一轮的跃迁，文化的积淀、大数据技术的发展成为智能化时代跳动的脉搏。乘势而上，聚小流以江海，新数字化背景下的全球新媒体迸发出前所未有的活力，文化交流的新模式也在缓缓孕育，并寻找合适的时机展现无可企及的创造魅力。云制作、AI虚拟主播、VR技术、高清4K等在4G时代受到技术限制的潜力股也将挣脱束缚，吹响自由的号角，带来新的动力。而人类自身也将被人工智能赋予"超能力"，曾经桎梏文明交流的枷锁将由技术所带来的信息处理新能力及超越自身的认知能力所打破，为跨文化交流的新平台平添新的动力[85]。未来，或许人们不再感叹于"特异功能"，因为每个人都是"特异功能"的展现者；或许人们将不再局限于信息时代所带来的"运筹帷幄，决胜千里之外"的信息共享，而习惯于新数字时代所带来的"耳听六路，眼观八方"的超感官能力。这也意味着跨文化交流模式的新变革，智能传播在拉近人与人之间物理距离的同时，将跨时代地改变人与人之间的认知距离，文化间性将通过全新的媒介由阻碍跨文化交流转变为深度融合的新契机[86]。而被视为人工智能前行路上"拦路虎"的伦理道德问题也将被新的界限所划分，世界各国各民族互惠互融的新时代降临，人类命运共同体的理念将用新的形式加以诠释。为此，在面对即将到来的文化交流新阶段，各国各民族更应该立足于自身文化，用包容的胸襟接纳新文化交流变化的形式，用以人为本的人文主义精神融合科技的创新应用，创造新媒体传播下的用户体验新阶段。唯此，才能更好地为国际环境下的跨文化交流赋予新的探索方式。

人类命运共同体理念下的全人类社会，正顺应世界大势朝着"各美其美，美人之美，美美与共"的理想社会方向前进，这也促使文化、思想在交流互鉴中不断创造出新的内容。最终，真正意义上的跨文化交流必将在文化的积淀与技术的发展间走向一个崭新的平台。

习近平总书记指出，中国共产党所做的一切，就是为中国人民谋幸福、为中华民族谋复兴、为人类谋和平与发展。新媒体时代的多元文化互动与交流是构建人类命运共同体伟大蓝图中不可或缺的一环。中国作为世界上负责任、有担当的大国，如何更好地驾驭科技浪潮所带来的变化，以及充分发挥自身的优势和文明底蕴，成为重要的实践课题。若能够在国际多元的人文交流中守正创新、应机而动、驭势而为，新媒体时代必将成为提升中国文化软实力、构建国际文化新格局的历史新起点！

参考文献

[1] 匡文波.到底什么是新媒体?[J].新闻与写作,2012(7):24-27.

[2] 张喆.新媒体环境下高校校园文化特点及其建设路径选择[J].经营与管理,2014(1):154-156.

[3] 高臻.全民传播视角下新媒体涉法新闻传播研究[D].兰州:兰州大学,2013.

[4] 波兹曼.娱乐至死[M].章艳,译.桂林:广西师范大学出版社,2004:6.

[5] 谢文."一带一路"上的文明记忆[N].光明日报,2017-05-04(8).

[6] 习近平在亚洲文明对话大会开幕式上的主旨演讲[EB/OL].(2019-05-15)[2023-02-19].http://jhsjk.people.cn/article/31086573。

[7] 张靖.中日文明对话,架起友谊桥梁承担世界责任[EB/OL].(2019-05-14)[2023-01-30].http://world.people.com.cn/n1/2019/0514/c1002-31084736.html.

[8] 习近平.把中国文明历史研究引向深入 增强历史自觉坚定文化自信[J].求是,2022(14):4-8.

[9] BOYD D M, ELLISON N B.Social network sites:definition, history, and scholarship[J].Engineering management review,IEEE,2010,38(3):16.

[10] BARNETT G A.Communication and the evolution of SNS:cultural convergence perspective[J].Journal of contemporary Eastern Asia,2011,10(1):43-54.

[11] YIN J, YANG J.The relationships between Chinese university students' SNS use motivation, addiction tendency, and interpersonal problems[J].Korean association for learner-centered curriculum and instruction,2021,21:467-477.

[12] KIM Y J, SOHN D Y, CHOI S M.Cultural difference in motivations for

using social network sites: a comparative study of American and Korean college students[J]. Computers in human behavior,2011,27(1):365-372.

[13] LIN H,FAN W G,WALLACE L. The effects of social and technical factors on user satisfaction, sense of belonging and knowledge community usage [J]. International journal of E-collaboration,2013,9(3):13-30.

[14] 安昭宇,刘鲁川.SNS用户归属感的影响因素:理论模型与实证检验[J]. 山东财经大学学报,2013,(5):101-108.

[15] MORGAN C.Trust in direct leader and employee outcomes: the moderating effects of leaders' perceived emotional sincerity[D]. Chattanooga: the University of Tennessee at Chattanooga,2017.

[16] WU J J,CHEN Y H,CHUNG Y S. Trust factors influencing virtual community members: a study of transaction communities[J]. Journal of business research,2010,63(9/10):1025-1032.

[17] BAKER J R,MOORE S M. Distress,coping,and blogging: comparing new Myspace users by their intention to blog[J]. CyberPsychology and behavior,2008,11(1):81-85.

[18] KIM J,LEE J-E R. The Facebook paths to happiness: effects of the number of Facebook friends and self-presentation on subjective well-being[J]. CyberPsychology, behavior,and social networking,2011,14(6):359-364.

[19] GENTILE B,TWENGE J M,FREEMAN E C,et al. The effect of social networking Websites on positive self-views: an experimental investigation [J]. Computers in human behavior,2012,28(5):1929-1933.

[20] SHUTER R. Intercultural new media studies: the next frontier in intercultural communication [J]. Journal of intercultural communication research, 2012,41(3):219-237.

[21] TYMCHENKO O,UHRYN Y,VASIUTA S,et al. The influence of interface elements on the attractiveness of its design[C]//8th IEEE International Conference on Problems of Infocommunications, Science and Technology, Kharkiv,Ukraine,2021:57-61.

[22] BUCHANAN T,PAINE C,JOINSON A N,et al. Development of measures of online privacy concern and protection for use on the Internet[J]. Journal

of the American society for information science and technology, 2007, 58 (2): 157-165.

[23] KURIAN ALICE, BABU L K. "Trending" culture of resistance in the new media: AIB [J]. International journal of advanced research, 2017, 5 (6): 847-851.

[24] TADIFA A M. Values rediscovery program [J]. PSU multidisciplinary research journal, 2018, 1 (2): 8-15.

[25] FOGG B J, LIZAWA D. Online persuasion in Facebook and mixi: a cross-cultural comparison [C] // International Conference on Persuasive Technology; PERSUASIVE 2008; 20080604-06; 20080604-06; Oulu (FI); Oulu (FI), 2008: 35-46.

[26] CHUN H W, KWAK H W, EOM Y H, et al. Comparison of online social relations in terms of volume vs interaction: a case study of cyworld [C] // 8th ACM SIGCOMM Internet Measurement Conference 2008 (IMC 08), 2008: 41-53.

[27] 夏冬. 论微信对用户心理安全需求的满足 [J]. 新闻世界, 2015 (8): 158-160.

[28] BANNON L J. A human-centred perspective on interaction design [J]. Future interaction design, 2005, 1: 31-51.

[29] DAVIS F D. Perceived usefulness, perceived ease of use, and user acceptance of information technology [J]. Management information systems quarterly, 1989, 13 (3): 319-340.

[30] LIU Y N. Human-computer interface design based on design psychology [C] // International Conference on Intelligent Computing and Human-Computer Interaction, Sanya, China, 2020: 5-9.

[31] SINGH S, SINGH N, KALINIĆ Z, et al. Assessing determinants influencing continued use of live streaming services: an extended perceived value theory of streaming addiction [J]. Expert systems with applications, 2021, 168: 114241.

[32] CAMILLERI M A, CAMILLERI A C. Learning from anywhere, anytime: utilitarian motivations and facilitating conditions for mobile learning [J].

Technology, knowledge and learning, 2022, 28(4):1687-1705.

[33] KIM Y Y. Communication and cross-cultural adaptation:an integrative theory [M]. Philadelphia:Multitingual Matters Ltd., 1988.

[34] PETKANOPOULOU K, WILDSCHUT T, SEDIKIDES C. Nostalgia and biculturalism: how host-culture nostalgia fosters bicultural identity integration[J]. Journal of cross-cultural psychology,2021,52(2):184-191.

[35] HOFSTEDE G. Culture's consequences:international differences in work-related values[M].Los Angeles:Sage Publications, Inc., 1984.

[36] REDFIELD R,LINTON R,HERSKOVITS M J. Memorandum for the study of acculturation[J]. Am anthropol,1936,38(1):149-152.

[37] GREEN M C, FITZGERALD K. Oxford research encyclopedia of communication[M].[S.l.:s.n.], 2017.

[38] BERRY J W. Acculturation and adaptation in a new society[J]. International migration,1992,30(1):69-85.

[39] 潘振武. 直播购物中互动对顾客信任的影响:基于社会临场感视角[J]. 商业经济研究,2022(14):79-82.

[40] KAEWSAIHA P. LMS vs social network:content analysis with the social the presence theory approach[J]. International scientific conference on innovations in digital economy,2019,5(24):28-37.

[41] 罗璇,龙肖毅. 文化间性理论研究综述[J]. 现代商贸工业,2020(2):85-86.

[42] HASLBERGER A. Facets and dimensions of cross-cultural adaptation:refining the tools[J]. Personnel review,2005,34(1):85-109.

[43] ADELMAN M B. Cross-cultural adjustment:a theoretical perspective on social support[J]. International journal of intercultural relations,1988,12(3):183-204.

[44] WARD C,RANA-DEUBA A. Acculturation and adaptation revisited[J]. Journal of cross-cultural psychology,1999,30(4):422-442.

[45] 关世杰. 谈传播学的分支:跨文化交流学[J]. 新闻与传播研究,1996,3(1):64-69.

[46] WARD C, KENNEDY A. Where's the "culture" in cross-cultural transi-

tion?: comparative studies of sojourner adjustment[J]. Journal of cross-cultural psychology,1993,24(2):221-249.

[47] GORDON M M. Assimilation in American life: the role of race, religion, and national origins[M]. [S.l.:s.n.],1964.

[48] DURFEE A, SHINNAR R S, FLORES P G. A cross-cultural examination of instant messaging acceptance in Mexico and the U.S.[C]//12th Americas Conference on Information Systems,2006:146-151.

[49] CHANG H, ZHANG L L, XIE G X. Message framing in green advertising: the effect of construal level and consumer environmental concern[J]. International journal of advertising,2015,34(1):158-176.

[50] RAACKE J, BONDS-RAACKE J. MySpace and Facebook: applying the uses and gratifications theory to exploring friend-networking sites[J]. Cyber-Psychology and behavior,2008,11(2):169-174.

[51] 杨海洋. 互动与冲突:新媒体时代跨文化传播行为研究:以美国社交网站Facebook为例[J]. 今传媒,2013(10):60-61.

[52] 徐文娟,史兴松. 中国企业海外网站跨文化适应性调整的比较研究[J]. 新闻与传播评论,2020,73(6):111-124.

[53] BARTIKOWSKI B, SINGH N. Should all firms adapt Websites to international audiences?[J]. Journal of business research,2014,67(3):246-252.

[54] 李月琳,刘冰凌. 中美网络用户信息搜寻行为比较研究:基于跨文化视角[J]. 情报理论与实践,2015,38(3):116-121.

[55] YE X H, PENG X X, WANG X W, et al. Developing and testing a theoretical path model of Web page impression formation and its consequence[J]. Information systems research,2020,31(3):929-949.

[56] SHEN S T, PRIOR S D, CHEN K M, et al. Chinese Web browser design utilising cultural icons[C]//Usability and internationalization. Lecture notes in computer science,4560,2007:249-258.

[57] 周敏仪. 基于跨文化视角的中美大学生网上购物意向的对比研究[D]. 广州:广东外语外贸大学,2013.

[58] CHU S C, KIM Y. Determinants of consumer engagement in electronic word-of-mouth(eWOM) in social networking sites[J]. International journal

of advertising: the quarterly review of marketing communication, 2011, 30 (1): 47-75.

[59] GOODRICH K, DE MOOIJ M. How "social" are social media? a cross-cultural comparison of online and offline purchase decision influences[J]. Journal of marketing communications, 2014, 20(1/2): 103-116.

[60] CHEONG H J, MOHAMMED-BAKSH S. Purchase situations and information-seeking in brand-related user-generated content[J]. Journal of promotion management, 2021, 27(5): 1-25.

[61] CHUNG S H, ANIMESH A, HAN K, et al. Financial returns to firms' communication actions on firm-initiated social media: evidence from Facebook business pages[J]. Information systems research, 2020, 31(1): 258-285.

[62] FARAONI M, HU L, RIALTI R, et al. Cultural dimensions in online purchase behavior: evidence from a cross-cultural study[J]. Italian journal of marketing, 2021(3): 227-247.

[63] WANG X Q, LIU Z L. Online engagement in social media: a cross-cultural comparison[J]. Computers in human behavior, 2019, 97: 137-150.

[64] GONZÁLEZ-PIZARRO F, FIGUEROA A, LÓPEZ C, et al. Regional differences in information privacy concerns after the Facebook-Cambridge Analytica data scandal[J]. Computer supported cooperative work, 2022, 31(1): 33-77.

[65] PARK J, GUNN F, HAN S L. Multidimensional trust building in E-retailing: cross-cultural differences in trust formation and implications for perceived risk[J]. Journal of retailing and consumer services, 2012, 19(3): 304-312.

[66] TURNER J H. A theory of social interaction[M]. New York: Stanford University Press, 1988.

[67] GUDYKUNST W B. Applying anxiety\uncertainty management (AUM) theory to intercultural adjustment training[J]. International journal of intercultural relations, 1998, 22(2): 227-250.

[68] PRESBITERO A, ATTAR H. Intercultural communication effectiveness, cultural intelligence and knowledge sharing: extending anxiety-uncertainty management theory[J]. International journal of intercultural relations, 2018,

67:35-43.

[69] LI M N, XU D M, MA G H, et al. Strong tie or weak tie?: exploring the impact of group-formation gamification mechanisms on user emotional anxiety in social commerce[J]. Behaviour & information technology, 2022, 41(11): 2294-2323.

[70] OKAWA S, ARAI H, SASAGAWA S, et al. A cross-cultural comparison of the bivalent fear of evaluation model for social anxiety[J]. Journal of behavioral and cognitive therapy, 2021, 31(3): 205-213.

[71] AYYASH-ABDO H, TAYARA R, SASAGAWA S. Social anxiety symptoms: a cross-cultural study between Lebanon and the UK[J]. Personality and individual differences, 2016, 96: 100-105.

[72] GUDYKUNST W B. Theorizing about intercultural communication[M]. Los Angeles: Sage Publications, Inc., 2004.

[73] 高文成. 新华时评: 对待虚假信息必须"就地消毒"[EB/OL]. (2023-12-27)[2023-12-30]. http://www.xinhuanet.com/comments/20231227/400fee68775c4a91abfe34db7bcfc72d/c.html.

[74] HADDAD S, MCGRENERE J, JACOVA C. Interface design for older adults with varying cultural attitudes toward uncertainty[C]//32nd ACM conference on human factors in computing systems, Toronto, Canada, 2014: 1890-1899.

[75] KIM I, KULJIS J. Manifestations of culture in Website design[J]. Journal of computing and information technology, 2010, 18(2): 125-132.

[76] BLANKL M, BIERSACK P, HEIMGARTNER R. Lessons learned from projects in Japan and Korea relevant for intercultural HCI development[C]//International Conference on Design, User Experience, and Usability, 2013: 20-27.

[77] 习近平. 在中国科学院第二十次院士大会、中国工程院第十五次院士大会、中国科协第十次全国代表大会上的讲话(2021年5月28日)[N]. 人民日报, 2021-05-29(2)。

[78] 邵慧祺. 游戏化目标导向对虚拟培训系统使用效果的影响研究[D]. 沈阳: 东北大学, 2021.

[79] 吴爱枝.危化品公路运输事故应急演练大空间 VR 实训系统[J].中国安全科学学报,2022,32(增刊1):189-196.

[80] 邓青,施成浩,王辰阳,等.基于 E-LVC 技术的重大综合灾害耦合情景推演方法[J].清华大学学报(自然科学版),2021,61(6):487-493.

[81] 任洪生.跨文化交流与人类命运共同体建设:现实、挑战与应对[J].人民论坛(学术前沿),2022(2):74-83.

[82] 黄楚新. 当前我国媒体融合发展特点、问题及趋势[J].人民论坛(学术前沿),2019(24):84-93.

[83] JING R.Managing organizational momentum for change:connecting Chinese and Western perspectives[J]. Academy of management proceedings,2017(1):1-6.

[84] 井润田.顺势而为:构建创变时代的"风口"战略[J].清华管理评论,2022(7):44-53.

[85] 蔡尚伟.未来的传播形态与社会文明形态[J].人民论坛(学术前沿),2017(23):48-57.

[86] 刘伟.智能传播时代的人机融合思考[J].人民论坛(学术前沿),2018(24):16-24.

附　录

访谈提纲

一、留学前对中国文化的了解程度

1. 可以简单用几个形容词描述一下来中国之前你对中国文化的初印象吗？

2. 在来中国之前，你是否通过以下渠道了解过有关中国文化的信息？

3. 通过这些渠道，你对中国文化有了哪些了解？请简单举一些例子（如诗词、节日、饮食、体育、电影、音乐等）。

二、来华后对中国社交媒体的使用情况

1. 你来到中国后，开始使用了哪些中国社交媒体平台［如微信、微博、抖音、B站（哔哩哔哩）等］？日常使用频率的大概情况如何？

2. 你通常使用中国社交媒体平台做什么？是与同学朋友保持联系、获取新闻信息，还是有其他用途？

3. 你是否喜爱使用这些社交平台？可以简单说说你的理由吗？

4. 你使用的中国社交媒体平台与类似的海外社交媒体平台（如微信与Facebook、KakaoTalk，微博与Twitter、Instagram等）有什么不同之处？

三、通过中国社交媒体了解中国文化

1. 可以简单用几个形容词描述一下你现在对中国文化的印象吗？

2. 来到中国后，以下渠道是否改变了你对中国文化的初印象？

3. 通过中国社交媒体平台了解的中国文化与你在学校或其他线下途径了解的有何不同？

4. 你认为中国社交媒体平台是否有助于你更好地适应中国的文化和社交环境？

四、对中国社交媒体的建议

1. 你对中国社交媒体平台的功能或内容有何改进建议？

2. 你认为中国社交媒体平台能在哪些方面为国际留学生提供更好的支持或帮助？

本次访谈共采访了 13 名受访者（I1~I13），根据主题，整理访谈情况如下。

一、留学前对中国文化的了解程度

1. 留学前对中国的初印象

丰富、地大物博、勤奋、包容。【I1】

空气质量差。【I2】

人口多、卫生差、有点乱，人口素质不高。【I3】

中国很大，有很多美丽的地方；中国人很多，有很多有趣的人；中国人很腼腆，和我们××人一样。【I4】

安全、美丽，有很多名胜古迹。【I5】

有趣、有吸引力，拥有很多各不相同的民族文化。【I6】

非常有趣，也非常不同。【I7】

陌生。来之前不了解，以为会很不适应，在中国生活会很困难。【I8】

独特、神奇、新奇。【I9】

美丽、辽阔、宏伟。【I10】

中国文化非常丰富多样。它保留了与其他国家不同的特殊性。艺术性很强，电影、美食、体育、音乐很丰富。【I11】

历史悠久、资源丰富、国土面积广阔、人口多。【I12】

中国有点贫穷，中国人很友好。【I13】

2. 对中国文化的了解（渠道：传统媒介、本土社交媒体平台、其他；文化：诗词、节日、饮食、体育、电影、音乐）

父亲在中国读大学，叔叔是当地的外交官，经常讲有关中国的信息；非常

喜欢看新闻，了解两国之间的外交信息；诗词，自己不会背，但是妈妈很喜欢；自己对中国的国家主席了解比较多。【I1】

小时候喜欢看《西游记》等四大名著的电视剧；听说过长城、七夕节。【I2】

特别喜欢看《西游记》等四大名著的电视剧；朝鲜与中国接壤，自然会有一些文化交融的地方，从小就对中国有点了解；孔子、孙悟空。【I3】

我的家人没有在中国留学的，我是第一个。来中国留学是因为中国是离家比较近的一个国家；我在电视上看到过对中国的描述，有黄河、长城，都很厉害；我们国家没有特别的社交平台，还是以打电话为主；小时候学过一些诗词，我还记得"春江水暖鸭先知"；我不喜欢"抗日神剧"，其他有中国元素的电视剧我还都挺喜欢的。【I4】

通过家人了解，但很少，父母只说要去中国生活；看过很多电视剧，四大名著的电视剧都看过，很喜欢；基本不上网。【I5】

从朋友那里了解了一些关于中国人和中国文化的信息；看过很多中国电影；在本土社交媒体平台看过一些中国视频，但没有了解到任何关于中国文化和传统的有用信息，因为这些社交媒体平台对中国人是不开放的，所以对了解中国文化没什么帮助；喜欢中国功夫、中国电影。【I6】

有朋友在中国留学，了解了一点，但不多；在电视上看到过，以及在Facebook、Instagram上面了解过；文化方面都不太了解。【I7】

有朋友在中国留学，但交流不多；在电视上看到过；使用Facebook，但对中国文化了解不多；只是了解到中国美食很多，想尝试很多好吃的。【I8】

看过中国电影；用Instagram、WeChat了解过；中国功夫、传统节日、电影、名胜古迹、中国建筑。【I9】

通过口碑和传统媒介，我了解到中国有着悠久的历史和丰富多彩的文化。我了解到中国有著名的诗词作品，如李白的《静夜思》，还了解到中国的传统节日，如春节和中秋节，以及中国的传统饮食文化，如北京烤鸭和四川火锅。【I10】

我通过与我的俄罗斯朋友和一些留学机构的交流，了解到中国有着悠久的历史和丰富的文化遗产。他们分享了一些关于中国的传统节日、饮食习俗和社交礼仪等方面的信息；我读过一些有关中国历史和文化的图书，如《红楼梦》《论语》，这些作品让我对中国的传统价值观和思想有了一定的了解；我也听过一些中国的音乐和观看过一些中国的电影,如周杰伦的歌曲和张艺谋的电影作品。我尝试了很多中国菜,如"拍黄瓜""酱鸡""宫保鸡丁",我真的很喜欢!我还读中国的小说,中国的网络小说通常是武侠类型的。【I11】

诗词:"明月几时有,把酒问青天"和《陋室铭》全篇。节日:春节、清明节、端午节、中秋节、国庆节等。饮食:八大菜系。体育:足球、围棋、太极拳。电影:张艺谋、冯小刚导演的电影。音乐:京剧、昆剧等(流行歌手:邓紫棋、张杰等)。【I12】

在自己国家的时候,认识很多中国朋友,介绍过他们的日常生活;听说过中国节日和食物(现在也非常喜欢);看过一些电影并且认为中国有点贫穷。【I13】

二、来华后对中国社交媒体的使用情况

1. 中国社交媒体平台(如微信、微博、抖音、B站等)使用情况

常用微信、抖音,偶尔使用QQ、微博。微信:接收老师布置的作业,与老师同学交流。抖音:刷视频,看国际新闻、喜欢的明星视频(赵丽颖的电影、电视剧),学习中国文化知识。【I1】

微信、QQ、抖音、微博、豆瓣(非常喜欢)、小红书、B站、贴吧、知乎都在使用。补充:今日头条,特别喜欢看国际新闻、历史故事。【I2】

微信、QQ、抖音(常用)、微博、豆瓣(偶尔)、小红书、B站、贴吧、知乎(常用),用于沟通交流、刷视频。【I3】

微信、微博、抖音、B站经常使用;主要以娱乐为主,偶尔也会看看新闻。刚才忘记说了,今日头条我也会用。我和朋友联系主要用微信,也会打打电话。还有就是,我们有留学生的群,在微信上,在群里面交流。【I4】

微信、抖音、小红书、B站(偶尔)、QQ(很少),用微信和家人朋友联系、聊天;用小红书和抖音刷视频,消遣娱乐。【I5】

微信、QQ、抖音、快手、知乎、探探;微信是日常生活的必需品,有助于和老师朋友交流,完成作业;其他软件用来娱乐,消磨时间。【I6】

微信、抖音经常使用,QQ以前使用过,使用微信和QQ与朋友老师联系。【I7】

微信、抖音日常多次使用,QQ、探探以前使用过,使用微信和朋友联系,也使用微信和老师交流、交作业等。【I8】

微信、抖音经常使用；使用微信与同学朋友保持联系，也结交新的中国朋友。【I9】

微信、微博使用过。我开始使用微信和微博这两个中国社交媒体平台。我日常使用频率较高，几乎每天都会使用它们。通常使用中国社交媒体平台与同学和朋友保持联系，分享生活中的点滴，了解他们的近况；通过这些平台获取新闻信息和了解时事动态。【I10】

日常使用微信、微博。我开始使用微信和微博这两个主流的中国社交媒体平台。我使用微信与同学、朋友保持联系，分享生活动态，并加入一些群组参与讨论。而微博成为我获取新闻信息、关注明星动态和表达观点的平台。我每天都会打开微信和微博进行浏览和互动，使用频率相当高。【I11】

微信、QQ、抖音、微博、豆瓣（偶尔）、小红书、B站、贴吧、知乎，和同学保持联系、获取新闻，获取时尚新动向，看二次元、同人文，通过B站可以了解很多有趣的知识。【I12】

微信（主要使用）、QQ；和女朋友还有家人交流。【I13】

2. 对社交平台的喜爱程度及看法

感觉还不错。① 交流方便；② 看新闻，是重要的信息来源。【I1】

与老师同学交流，看国际新闻；特别喜欢豆瓣，喜欢看欧美电影，评分比较靠谱。【I2】

不喜欢微博、小红书。觉得网络环境很差，很多攻击的言论，自己经常看到但不会在下面评论发言。【I3】

我还挺喜欢的，我来到这里好多年，好多事都是从上面学的。【I4】

非常喜欢，特别喜欢小红书和抖音，小红书用来看穿搭、美妆，可以学到很多。抖音也看穿搭、美妆，以及美食视频，再根据推荐去打卡，很好用。【I5】

我很喜欢社交媒体平台，因为它们十分有趣也很有用，可以了解不同的中国文化，有助于学习交流。但是这些软件提供的信息量很大，而且充满了娱乐性，有些浪费时间。【I6】

喜欢，只有使用这些社交平台，才能和老师同学联系。【I7】

我不喜欢使用社交媒体软件，我是个很无聊的人，更愿意花时间去工作或者陪伴家人朋友。【I8】

喜欢，微信用来和老师、同学、朋友联系，而抖音用来刷视频。并且很喜

欢抖音，它会推荐我喜欢和感兴趣的内容，让我的生活变得很丰富。【I9】

我喜欢使用这些社交平台。它们为我提供了方便快捷的沟通方式，让我能够与朋友和家人保持联系。【I10】

我喜爱使用这些社交平台。它们为我提供了与同学朋友保持联系和分享生活的便捷途径，让我感到更加接近他们，尤其当身处异国他乡时，这种联系尤为重要。【I11】

十分喜爱，用习惯了，这些软件不断地进行人性化更新。【I12】

听说过其他软件（如微博、抖音等），但不喜欢使用社交媒体。【I13】

3. 中国社交媒体平台与类似的海外社交媒体平台的不同之处

没有使用过海外的社交媒体平台；但是认为中国的新闻媒体报道的朝鲜新闻，与朝鲜当地的新闻媒体报道的内容经常会出现很大的不同。【I1】

偶尔会用 Facebook，感觉很国际化，包含很多小功能，不需要下载其他软件，用起来更方便；来中国之后不经常使用海外软件。【I2】

没有使用过海外的社交媒体平台。【I3】

很多地方我都觉得差不多。可能中国的软件广告太多了吧，我总是点错，我不是很喜欢这样设计。还有就是，他推荐的东西我还蛮喜欢的，如一些视频，喜欢什么就推荐什么。其他就不太清楚了。【I4】

在××时网络还不发达，不怎么使用社交媒体平台，与父母朋友几乎都是短信联系，来中国之后才使用社交媒体平台，很喜欢。【I5】

差别不是很大。这些平台的主要目的都是共享信息，增进彼此的了解和交流。但海外和中国社交媒体平台之间的主要区别是，海外社交媒体平台能够在全世界的国家使用，有更多的流量。微信是基本的社交媒体应用程序，而 WhatsApp 拥有多种功能，能够使生活更加简单。【I6】

使用 Twitter 时社交很广泛，可以与全世界的人交流，而使用中国社交媒体只是和朋友、老师联系。【I7】

语言不同。海外社交媒体平台是英文的，而中国社交媒体平台是中文的。【I8】

中国社交媒体平台大部分都是中国人之间的交流，而类似的海外社交媒体平台，如 Facebook，就可以与很多其他国家的人交流。【I9】

中国社交媒体平台注重用户之间的互动和社交功能，像微信的红包功能和微博的评论互动。中国社交媒体平台上的信息内容也更加关注国内的时事、娱

乐和文化话题。【I10】

VK、WhatsApp、微信、Telegram，我喜欢这些应用程序，因为它们使用起来非常方便，如各种功能的位置和工作速度。我使用 YouTube 和 TikTok 观看视频。如果发布视频和照片，我使用 VK 应用程序。不同的话，我发现中国社交媒体平台与类似的海外社交媒体平台在功能和使用习惯上存在一些不同之处。中国社交媒体平台更加集中在一个应用程序中，如微信包括聊天、支付和社交功能，这使得使用起来更加方便；海外社交媒体平台的这些功能，更多地分散在不同的应用程序中。【I11】

Kakaotalk 本身就有网购的功能，除此以外，其具有比微信更强大的支付功能，其在韩国范围内可以发行信用卡，进行银行基础交易。Twitter、Instagram 可以了解更多外面的世界，是全世界网络用户都可以共享的平台。【I12】

不太喜欢使用社交媒体，以前用过 Twitter、Instagram，感觉差不多。【I13】

三、通过中国社交媒体了解中国文化

1. 对中国文化的现有印象

亲切、有趣。【I1】

过于热情，这几年空气质量在不断变好。【I2】

更加不开放、限制更多、有局限性、人口素质不高。【I3】

中国文化很有意思、很有趣，我还记得皮影戏，我之前来这里看过，很好玩！【I4】

丰富多彩、有趣、好玩。【I5】

友好、开放。【I6】

友好、包容、多文化融合。【I7】

非常有趣，和其他文化非常不同。【I8】

神奇，特别是端午节，很有趣。【I9】

丰富、深厚、独特。【I10】

深厚、多元和充满活力。【I11】

物产资源丰富，物价相比发达国家低廉（北京、上海除外），大部分的百姓友善。【I12】

很美丽，很好。【I13】

2. 各类渠道是否改变了你对中国文化的初印象（渠道：传统媒介、本土社交媒体平台、其他）

老师会教书法，将中国传统文化故事翻译成其他语言讲授，并布置相关的作业；舍友曾经一起体验包粽子，因为大家都比较感兴趣；偶尔在电视上看见；了解更多中国文化信息，但是整体印象变化不太大。【I1】

看过《长津湖》电影，太主旋律了，不喜欢；通过微博了解了更多中国文化信息。【I2】

老师会传递很多正能量的东西，但是自己不喜欢这种注入式的方法，喜欢亲身感受；通过新闻看到国家为偏远地区的儿童或者有残疾的儿童提供帮助，让他们有机会通过读书改变自己的命运，觉得这些非常好；网络环境负面评论太多了。【I3】

这个还是我同学了解得比较多，我同学的爸爸或者妈妈有在中国工作好多年的，所以了解得会比我多很多，好的评价比较多；我是通过暑假里看的《西游记》开始喜欢上的中国文化，太好玩了；这边的社交媒体平台很厉害，让我了解到了很多不一样的地方，而且能手机支付，非常的方便。【I4】

以前不了解，来中国后觉得中国人，特别是东北人，非常热情、友好；和以前电视上看到的差不多，种类更加丰富。【I5】

接触中国人之后，感觉他们很好，心地善良，这些是在网上看不到的；来到中国后，接触了中国的社交媒体平台，对中国人民和传统文化有了更多的了解；只有亲自体验，生活在这里，才能更加深入地了解当地的文化。【I6】

中国社交媒体平台使我了解更多的中国文化。【I7】

老师让我觉得中国人非常友好。【I8】

没有改变。【I9】

通过阅读一些有关中国的图书，观看中国电视和电影作品，以及通过新闻了解中国的社会现象和文化活动，使我对中国文化的认知得到了进一步丰富和深化。【I10】

通过浏览微信朋友圈和微博的热门话题，我更多地接触到中国的当代社会和文化现象，了解到一些非传统的文化表达和流行趋势。【I11】

有改变。【I12】

不同地区差异很大，有的地方在发展中，有的地方已经很发达了；在这里生活不需要现金，但回自己的国家必须使用现金，现在觉得在中国的生活更加

方便。【I13】

3. 通过中国社交媒体平台了解的中国文化与你在学校或其他线下途径了解的有何不同？

感觉东北人非常豪爽、爱说话、很热情；喜欢沈阳的西塔美食，接近朝鲜的饮食习惯，虽然有一点不同，但可以接受。【I1】

感觉线上的宣传过分强调积极的内容，没有线下了解得真实。【I2】

线上感觉戾气很重，线下感觉大家都比较友好，所以不喜欢用这些软件。【I3】

会更加直观吧。而且想什么都可以自己去搜索，我已经吃过好多这里的美食，都是从网上看到的。【I4】

几乎没有不同；社交媒体了解到的非常丰富有趣，线下则是生活化，更具体。【I5】

线上线下只是方式不同，但是了解到的文化是相同的。【I6】

通过中国社交媒体平台了解的中国文化与我在学校或其他线下途径了解的区别不大，但是社交媒体平台有的会有些难以理解，而线下途径使我更加容易了解文化，更加形象生动。【I7】

没什么不同，更多的是在社交媒体平台了解。【I8】

没有感受到太大不同。【I9】

有改变。我能够接触到普通人的生活和观点，了解他们对中国文化的理解和体验。这与学校或其他线下途径了解到的更加正式的文化信息有所不同，给我提供了更多全面的视角。【I10】

在学校或其他线下途径，我更多地接触到传统的中国文化，通过中国社交媒体平台，我更多地接触到当代的中国文化，包括流行文化、新兴艺术形式和时尚潮流。【I11】

社交媒体能看到更多、更复杂的事情，也能看到很多事情的两面性，还能看到一些网民的真实状况。【I12】

不清楚，我更喜欢线下花时间陪伴朋友。【I13】

4. 中国社交媒体平台是否有助于你更好地适应中国的文化和社交环境

很有帮助，通过社交媒体平台，学到了很多来中国之前不知道的知识，写作业的时候会用到这些新学的知识，感觉很有帮助。平时会和朋友当面分享自己看到的有意思的视频。【I1】

很有帮助，相比去过的其他国家（俄罗斯），中国的 App 种类非常多，支付技术很发达，在这里生活非常方便。而且学英语的软件功能很全，对自己准备托福有帮助。【I2】

很有帮助，可以学习汉语，还能了解一些这里的文化和生活，而且不需要通过上课专门学习。【I3】

那肯定。我现在离不开它了。【I4】

有助于。【I5】

中国的社交媒体应用程序对国际学生非常有帮助，因为这些应用程序包含了很多的信息和知识。刚来中国时，从这些 App 学到了很多东西，这些 App 对于想了解中国各地不同文化和传统的人来说非常有用。【I6】

中国社交媒体平台对我更好地适应中国的文化非常有帮助，也给我创造了一种中国社交环境。【I7】

有帮助。【I8】

是的，作用很大。【I9】

中国社交媒体平台对我更好地适应中国的文化和社交环境起到了积极的作用。通过这些平台，我能够了解到更多中国人的日常生活和文化特点。【I10】

有作用。【I11】

有帮助。【I12】

有一定的帮助。【I13】

四、对中国社交媒体的建议

1. 对中国社交媒体平台的功能或内容有何改进建议

广告太多了，每次都跳过；看视频的时候，有时候看不懂字幕（只有中文和英文），不理解一些专业的词语。【I1】

广告多，不喜欢社交媒体显示 IP 这一功能。【I2】

感觉微信、微博会泄露自己的信息，不想显示 IP。网络环境很差，负面言论很多，但不需要刻意去过滤、屏蔽这些言论，因为这些想法还是会存在，掩盖信息不能从根本上解决问题。【I3】

我不喜欢广告，而且有些时候一些人的评论并不友好。【I4】

不需要改进。【I5】

虽然中国社交媒体平台的安全性和隐私性比海外社交媒体平台好很多，但

希望进一步加强这方面的保护。【I6】

中国社交媒体平台应该提供多语言支持，现在几乎全部的社交媒体平台都只提供中文模式，如果提供英文模式，将提高大部分非中文母语的留学生使用体验。【I7】

中国社交媒体平台应该提供多语言支持，特别是英语，以提高留学生使用体验。【I8】

暂时没有。【I9】

目前没有想好。【I10】

社交媒体平台让我能够与更多的中国人交流和互动，加深对中国文化和社会的理解。【I11】

注重安全保护，关注隐私。【I12】

2. 中国社交媒体平台能在哪些方面对国际留学生提供更好的支持或帮助

翻译功能。【I1】

现在使用百度，很多时候搜不到想要找的资料，希望有更好的信息搜索软件，或者信息交流平台。【I2】

提供一些友好的交流环境，让更多的留学生融入这里。【I3】

多推荐一些附近的留学生朋友给我们吧，这样可以找到新的朋友。【I4】

暂时没有。【I5】

提供更多交流的机会和文化信息。【I6】

交流方面，可以建立单独的板块，让留学生之间更好地找到对方，更方便地在中国生活。【I7】

提供交流和互动的机会，为留学生提供有关生活、学习和就业等方面的实用信息，如住宿、签证、求职等，为留学生提供更多了解和参与中国文化的机会。【I8】

提供交流平台，给留学生提供更多交流和互动的机会。【I9】

暂时没有。【I10】

无。【I11】

创立更好的帮助平台。【I12】

很难描述。【I13】